# Die Magie des Mittelalters

Viktor Rydberg

(Übersetzer: August Hjalmar Edgren)

Writat

Diese Ausgabe erschien im Jahr 2023

ISBN: 9789358811810

Herausgegeben von
Writat
E-Mail: info@writat.com

# Inhalt

# I.
# DIE KOSMISCHE PHILOSOPHIE DES MITTELALTERS UND IHRE HISTORISCHE ENTWICKLUNG.

## EINLEITEND.

Im Europa des Mittelalters glaubte man, dass unser Globus der Mittelpunkt des Universums sei.

Die Erde, selbst fest und unbeweglich, war von zehn Himmeln umgeben, die sich nacheinander umkreisten, und alle außer dem höchsten in ständiger Rotation um ihren Mittelpunkt.

Dieser höchste und unbewegliche Himmel, der alle anderen umhüllt und die Grenze zwischen den geschaffenen Dingen und der Leere, dem unendlichen Raum dahinter, bildet, ist der Empyrean, der Himmel des Feuers, den die platonisierenden Philosophen auch die Welt der Archetypen nannten. Hier sitzt „in einem Licht, in das niemand eindringen kann" Gott in dreieiniger Majestät auf seinem Thron, während die Töne der Harmonie aus den neun sich drehenden Himmeln darunter zu ihm aufsteigen, wie eine Hymne der Herrlichkeit des Universums an seinen Schöpfer.

Als nächstes unterhalb des Empyrean folgt der Himmel aus Kristall oder die Sphäre des *ersten Beweglichen* (*primum mobile*). Darunter dreht sich der Himmel der Fixsterne, die aus den subtilsten Elementen des Universums bestehen und kein Gewicht haben. Wenn man sich nun vorstellen würde, dass ein Engel von diesem Himmel direkt zur Erde herabsteigt, dem Zentrum, wo sich die gröbsten Teilchen der Schöpfung sammeln, würde er immer noch durch sieben gewölbte Räume sinken, die die Planetenwelt bilden. Im ersten dieser verbleibenden Himmel befindet sich der Planet Saturn, im zweiten Jupiter und im dritten Mars; Zum vierten und mittleren Himmel gehört die Sonne, die Königin der Planeten, während in den übrigen drei die Bahnen von Venus, Merkur und schließlich dem Mond verlaufen, der mit seiner abnehmenden und zunehmenden Scheibe die Zeit misst. Unterhalb dieses Mondhimmels befindet sich die umhüllende Atmosphäre der Erde und der Erde selbst mit ihren Ländern und Meeren.

In der Struktur des Universums gibt es vier Hauptelemente: Feuer, Luft, Wasser und Erde. Jedes in der materiellen Welt existierende Ding ist eine besondere Verbindung dieser Elemente und besitzt als solche eine eigene Energie; aber der Materie an sich mangelt es an Qualität und Kraft. Alle Kraft ist spirituell und entspringt einer spirituellen Quelle – von Gott – und wird der Erde und den Himmeln über der Erde und allen Dingen darin durch spirituelle Agenten mitgeteilt, die persönlich, aber körperlos sind. Diese Wesen füllen das Universum. Sogar die Urelemente beziehen ihre Energie aus ihnen. Sie werden Intelligenzen oder Engel genannt; und das *Primum Mobile* sowie der Fixsternhimmel werden durch sie in Bewegung gehalten. Die Planeten werden auf ihren Umlaufbahnen von Engeln geführt. „Alle Energien von Pflanzen, Metallen, Steinen und allen anderen Objekten stammen von jenen Intelligenzen, die Gott als Hüter und Leiter seiner Werke eingesetzt hat." [1] „Gott, als Quelle und Ziel aller Macht, verleiht seinen dienenden Geistern das Siegel der Ideen, die in treuer Ausführung seines göttlichen Willens alles, was ihnen anvertraut ist, mit Lebensenergie prägen." [2]

Es wird kein unvermeidlicher Kausalzusammenhang zugelassen. Alles wird durch den Willen Gottes hervorgebracht und durch ihn erhalten. Die Naturgesetze sind nichts anderes als die Vorschriften, nach denen die Engel ihren Auftrag ausführen. Sie gehorchen aus Liebe und Angst; Sollten sie aber widerspenstig die gegebenen Gebote übertreten oder ihre Tätigkeit einstellen, wozu sie die Macht haben, dann würde sich die Ordnung der Natur ändern und der große Mechanismus des Universums zusammenbrechen, es sei denn, Gott hielte es für angebracht, einzugreifen . „Manchmal setzt Gott ihre Entscheidungsfreiheit außer Kraft und ist überall selbst der unmittelbare Akteur; oder er gibt seinen Engeln ungewöhnliche Gebote, und dann nennt man ihre Taten Wunder." [3]

Ein Wissen über die Natur der Dinge ist daher im Wesentlichen ein Wissen über die Engel. Ihre unzähligen Heerscharen bilden neun Chöre oder Orden, die in drei Hierarchien unterteilt sind, die den drei Welten entsprechen: der himmlischen, der sich drehenden Himmelswelt und der irdischen. Die Ordnungen der Seraphim, Cherubim und Throne, die die erste Hierarchie bilden, sind Gott am nächsten. Sie umringen seinen Thron wie eine Schar von Dienern, freuen sich im Licht seines Antlitzes, spüren die reiche Inspiration seiner Weisheit, Liebe und Macht und singen ewige Loblieder zu seiner Herrlichkeit. Die Thronordnung, die in dieser himmlischen Hierarchie die unterste ist, verkündet den Willen Gottes gegenüber der mittleren Hierarchie, der die Herrschaft über die beweglichen Himmel übertragen wird. Es ist die Herrschaftsordnung, die auf diese Weise die Gebote Gottes empfängt; das der Macht, das die Sterne und Planeten auf ihren Umlaufbahnen leitet und alle anderen himmlischen Phänomene zustande bringt, führt sie zur Ausführung, während ein Drittel des Imperiums alles abwehrt, was ihrer Vollendung im Wege stehen könnte . Die dritte und unterste Hierarchie, die die Ordnungen der Fürstentümer, Erzengel und Engel umfasst, hat die Vorherrschaft über irdische Dinge. Fürstentümer sind, wie der Name schon sagt, die Schutzgeister von Nationen und Königreichen; Erzengel beschützen die Religion und tragen die Gebete der Heiligen in der Höhe zum Thron Gottes; Engel kümmern sich schließlich um jeden Sterblichen und verleihen Tieren, Pflanzen, Steinen und Metallen ihre besondere Natur. Zusammen bilden diese Hierarchien und Ordnungen eine kontinuierliche Kette sich vermischender Aktivitäten, und so ähnelt die Struktur des Universums einer Jakobsleiter, auf der

> „Himmlische Mächte steigen auf und ab,
> ihre goldenen Eimer tauschen sich unaufhörlich aus."

Alle irdischen Dinge sind Abbilder des Himmlischen; und alle Himmlischen haben ihre Archetypen im Empyrean. Die Dinge auf der Erde bestehen aus der gröbsten aller Materie; Dinge in den umgebenden Himmeln aus einer feineren Substanz, zugänglich für den Einfluss von Intelligenzen. Archetypen sind immateriell; und als solche können sie ohne Widerstand mit spirituellen Kräften gefüllt werden und ihre Fülle an ihre entsprechenden Abbilder in den Welten der Sterne und Planeten weitergeben. Diese wiederum senden durch ihre Strahlen die Fülle ihrer Kraft zu den Objekten auf der Erde, durch die sie repräsentiert werden. Jedes Ding auf der Erde steht folglich nicht nur unter der Führung seines eigenen Engels, sondern auch unter dem Einfluss von Sternen, Planeten und Archetypen. Das Universum ist eine riesige Leier, deren Saiten, egal wo sie angeschlagen werden, mit Sicherheit über ihre gesamte Länge vibrieren.

Für den Menschen rief Gott durch seinen Befehl die vier Elemente aus dem Nichts hervor, und für den Menschen erschuf er in sechs Tagen diese wunderbare Erde aus diesen Elementen. Der Mensch ist die Krone der Schöpfung, ihr Meisterwerk und innerhalb der engen Grenzen seiner Natur ein Inbegriff aller existierenden Dinge – ein Mikrokosmos und das Abbild des höchsten Gottes selbst.

Da der Mensch aber als Mikrokosmos auch an der gröbsten Materie teilhaben muss, kann sein Wohnort nicht im Empyrean liegen, sondern muss auf der Erde festgelegt sein. Damit es würdig sei, ihn aufzunehmen, wurde es mit der ganzen Schönheit eines Paradieses geschmückt, und Engel blickten vom Himmel voller Freude auf seine Täler und Berge, seine Seen und Haine, die nun in wechselnden Lichtern und Schatten erstrahlten Purpur des Morgens, bald mit dem Gold der Sonne und wieder mit dem Silber des Mondes. Und dieser Wohnort erklärt symbolisch durch seine Stellung das Schicksal des Menschen und seinen Platz im Reich Gottes; Denn wo auch immer er wandert, der Zenit schwebt immer noch über seinem Kopf, und alle sich drehenden Himmel haben seinen Wohnsitz als Mittelpunkt . Der Tanz der Sterne ist nur ein Fest zu seinen Ehren, Sonne und Mond existieren nur, um auf seinem Weg zu leuchten und sein Herz mit Freude zu erfüllen.

Die ersten Menschen lebten in ihrem Paradies in höchstem Glück. Ihr Wille war unverdorben ; Ihr Verständnis erfüllte sich mit dem unmittelbaren Licht der Intuition. Wenn der Engel der Sonne mit seiner glänzenden Kugel zum Horizont sank und „der Tag kühler wurde", stieg Gott selbst oft von seinem Himmelsreich herab, um in Gesellschaft seiner Liebsten unter den lieblichen Bäumen des Paradieses zu wandern.

Die Welt war eine ungebrochene Harmonie. Es gab zwar einen Gegensatz zwischen Geist und Materie, aber noch keinen zwischen Gut und Böse. Es dauerte nicht lange, so zu bleiben.

Luzifer, das heißt der Lichtbringer oder Morgenstern, war der höchste aller Engel, der Fürst der Seraphim, der Liebling des Schöpfers und an Reinheit, Majestät und Macht nur der Heiligen Dreifaltigkeit unterlegen. Stolz und Neid bemächtigten sich, es ist nicht bekannt, wie, von diesem mächtigen Geist. Er hatte den Plan, die Macht Gottes zu stürzen und sich auf den Thron der Allmacht zu setzen. Engel aller Art ließen sich für seinen Verrat gewinnen. Auf den ersten Wink des rücksichtslosen Geistes hin griffen zahllose Intelligenzen aus den unteren Himmeln und von der Erde das Empyrean an und schlossen sich den rebellischen Seraphim, Cherubim und Thronen an, die sich zur Fahne der Revolte versammelt hatten. Im Himmel tobte ein gewaltiger Kampf, dessen Wechselfälle unter dem Schleier des Geheimnisses verborgen sind. Der heilige Johannes jedoch hebt in seinem Buch der Offenbarung eine einzige Falte davon auf und zeigt uns Michael an der Spitze der Legionen Gottes, die gegen Luzifer kämpfen. Der Kampf endete mit dem Sturz des Rebellen und seiner Anhänger. Der wunderschöne Morgenstern fiel vom Himmel. [4] Christus sah, wie der einst treue Seraph wie ein Donnerschlag aus den Wolken von seinen Wällen geschleudert wurde. [5]

Die Besiegten wurden nicht vernichtet. Ruhig im Bewusstsein der Allmacht bestimmte Gott unergründlich, dass Luzifer, der durch seine Rebellion in einen völlig bösen Geist verwandelt wurde, innerhalb bestimmter Grenzen Handlungsfreiheit genießen sollte. Die Tätigkeit des gefallenen Geistes besteht in einem verzweifelten und unaufhörlichen Krieg gegen Gott; und er erringt gleich zu Beginn einen Sieg von unermesslicher Tragweite. Er versucht den Menschen und bringt ihn unter seine Herrschaft. Die Menschheit und die wunderschöne Erde, auf der sie lebt, stehen unter dem Fluch Gottes.

Die Welt ist keine ungebrochene Harmonie, keine moralische Einheit mehr. Es ist für immer in zwei antagonistische Königreiche geteilt, das des Guten und des Bösen. Dass Gott es so will und die unvermeidlichen Konsequenzen zulässt, wird durch eine unmittelbare Veränderung in der Struktur des Universums bestätigt. Der Tod wird ausgesandt, um alles Leben zu zerstören. Die Hölle öffnet ihre Rachen in den einst friedlichen Bereichen der Erde und ist erfüllt von einem Feuer, das alles verbrennt , aber nichts verzehrt.

Das Schlachtfeld ist die gesamte Schöpfung mit Ausnahme der Räume des Empyrean; denn in seinen reinen Bereich kann nichts Verdorbenes eindringen. Luzifer hält immer noch an seinen Ansprüchen auf seinen Thron fest und versucht in allem , Gott nachzuahmen. Die gefallenen Seraphim, Cherubim und Throne bilden sein fürstliches Gefolge und seinen Kriegsrat. Die rebellischen Intelligenzen der mittleren Hierarchie, jetzt in Dämonen verwandelt, lieben es immer noch, zwischen denselben Sternen und Planeten umherzustreifen, die einst ihrer Obhut anvertraut waren, und gegen die guten Engel zu kämpfen, die jetzt die Bewegungen des Himmels leiten. Andere Dämonen schweben in der Atmosphäre und verursachen Sturm und Donner, Hagel und Schnee, Dürre und schreckliche Vorzeichen (daher heißt es, der Teufel sei ein Prinz, der das Wetter kontrolliert). Andere wiederum füllen die Erde; seine Meere, Seen, Quellen und Flüsse; seine Wälder, Haine, Wiesen und Berge. Sie durchdringen die Elemente; Sie sind überall.

Der Mensch, der Hauptauslöser des Streits, ist in einem traurigen Zustand. Die körperlichen Schmerzen und Leiden, die die Erde seit ihrem Fluch auf den Weg häuft, den nachfolgende Generationen, die alle an der Sünde Adams teilhaben, beschreiten müssen, sind nichts im Vergleich zu den Gefahren, die von allen Seiten ihre unsterblichen Seelen bedrohen und bedrohen. Und wie können diese Gefahren abgewendet werden? Tatsächlich wird jedem Sterblichen von Geburt an ein Schutzengel zur Seite gestellt; Aber wie können seine Eingebungen von denen unterschieden werden, die von den tausend verborgenen Agenten des Bösen ausgehen? Luzifer kann sich in einen Engel des Lichts verwandeln, seine Dämonen können mit einer Stimme locken, die die Stimme Gottes und des Gewissens nachahmt. Der Wille des Menschen hat keine Macht, diesen Versuchungen zu widerstehen; es ist durch den Herbst verdorben. Die Vernunft gibt keine Führung; Durch den Abfall des Menschen verfinstert, degeneriert es, wenn man es sich selbst überlässt, zu einem satanischen Instrument der Häresie und des Irrtums. Das Gefühl ist der Materie unterworfen, die, schon von Anfang an im Gegensatz zum Geist, den Fluch teilt. Ist es dann verwunderlich, dass die Laufbahn des Menschen, beginnend mit der Empfängnis in einem sündigen Mutterleib, hinter den Pforten des Todes die ewigen Qualen einer Hölle endet? All diese Myriaden von Seelen, die von Gott geschaffen und in Gewänder aus Ton gekleidet wurden – all diese Mikrokosmen, von denen jeder ein Meisterwerk ist, die Herrlichkeit der Schöpfung, ein Wesen von unendlichem Wert, Form, Glied für Glied, eine Kette, die sich von dort aus erstreckt jenes Nichts, aus dem Gott sie erschaffen hat, bis zu jenem Abgrund, in dem sie nach einem kurzen Leben auf der Erde zahllose Zeitalter hindurch quälen müssen, verzweifelt und ihren Schöpfer verfluchend.

Luzifer triumphiert. Sein Königreich wächst; aber der arme Sterbliche hat kein Recht, sich zu beschweren. Das Gefäß darf dem Töpfer nicht die Schuld geben. Wenn der Mensch in sein eigenes Herz blickt , entdeckt er eine Sündhaftigkeit und Verderbtheit, die ebenso unendlich ist wie seine Strafen. So streng das Gesetz des Universums auch erscheint, es trägt dennoch den Eindruck göttlicher Gerechtigkeit.

Es ist daher nur ein Akt reiner Gnade, wenn Gott über die Erlösung der Menschheit entscheidet. Die Kirche, die durch die Wahl des jüdischen Volkes vorbereitet und von Jesus Christus, dem Sohn Gottes, gegründet wurde, der sich selbst zur Kreuzigung opferte, um die Sünden der Menschen zu sühnen, ist gewachsen und hat ihren Einfluss in Regionen verbreitet, in denen einst Dämonen, die Götter der Heiden, besaßen Tempel, Götzen und Altäre. Die Kirche ist der magische Kreis, in dem allein die Erlösung möglich ist ( *Extra ecclesiam) . nullus salus* ). Innerhalb ihrer Mauern bietet sich der Sohn Gottes täglich als Opfer für die Übertretungen der Menschheit an; Der Abendmahlswein verwandelt sich durch ein Wunder in sein Blut und das Brot in sein Fleisch, die, wenn sie von den Mitgliedern der Kirche gegessen werden, ihr Wachstum in der Heiligkeit und ihre Widerstandskraft gegen den Versucher fördern. Die Kirche ist ein einziger Körper, beseelt vom Heiligen Geist Gottes; und so entschädigte ein Mitglied durch einen Überschuss an Tugend für die Mängel eines anderen. Heilige Männer, die alle Sinnesfreuden aufgeben und ihr Leben der Ausübung von Buße und Strengen, der Betrachtung geistlicher Dinge und dem Tun von Gutem widmen, sammeln dadurch eine Fülle überragender Werke an, die, in der Schatzkammer der Kirche deponiert, sie befähigen um die Sünden weniger selbstverleugnender Mitglieder zu kompensieren. Mit großzügiger Hand gewährt sie Vergebung der Sünden nicht nur den Lebenden, sondern auch den Toten. So kann das Menschengeschlecht freier atmen und die Menge kann sich wieder den vergänglichen Freuden und Vergnügungen eines elenden Lebens auf Erden hingeben; und wenn ein Sterblicher die Blumen der Freude pflückt, die in diesem Tal des Kummers blühen, braucht er sich nicht so sehr vor dem verborgenen Gift zu fürchten, denn das Heilmittel ist nahe. Der Ritter in der Burg da drüben auf dem Gipfel des Felsens oder der Bürger unter ihm im Tal kann ohne Bedenken eine Frau nehmen, Kinder großziehen und in geselliger Runde nach seinen Möglichkeiten leben; der glückliche Student mag singen und sein „ *Gaudeamus igitur* “ verwirklichen; Der unerschrockene Soldat mag eine Entschädigung für die Strapazen seines Feldzugs durch ein fröhliches Leben in Tavernen und in der Gesellschaft von Frauen suchen; Sogar die Anhänger von Maria Magdalena, die in Erwartung der Gnade sündigten, können zu Füßen der Kirche die gleiche Absolution erhalten, die ihrem Vorbild zu Füßen Jesu gegeben wurde, vorausgesetzt, sie sind dankbar für die Barmherzigkeit Christi, die sie geschaffen hat Sie sind Mitglieder seiner Kirche, sie verehren sie als ihre Mutter, nehmen an ihren Sakramenten teil und suchen ihre Hilfe. Die ständig zunehmende Zahl der Klöster, der Orte rigoroser Selbstverleugnung, ununterbrochener Buße und geheimnisvoller Einkehr, ist ein Garant für die Unerschöpflichkeit der überragenden Werke, über die die Kirche verfügt. In diesen Klöstern sehnen sich junge Mädchen nach ihrem Leben, die sich nach einer spirituellen Umarmung, für die die stärksten Impulse ihrer Natur unterdrückt wurden, Christus geweiht haben. Hier verbringt der fromme Einsiedler in Gebet und Arbeit seine Tage und Nächte. Auch jene Männer, die barfuß hinausgehen, mit groben Mänteln bedeckt und Stricke um ihre Hüften tragend, sich wie die Apostel der Armut und der Verkündigung des Evangeliums hingeben, die an der Tür des Laien Almosen entgegennehmen und ihm als Gegenleistung das geben Speise des Wortes Gottes – diese stammen alle aus denselben Klöstern.

Somit ist die Kirche ein Maulwurf gegen die Flut der Sünde. Der Christ hat einen Grund auszurufen: „O Hölle, wo ist dein Sieg?" Denn obwohl der Ort der Qual fortwährend mit verlorenen Geistern gefüllt ist, gibt es Tausende und Abertausende freigekaufter Seelen, die ihre Flucht ins Empyreum antreten – sei es sofort oder über das Fegefeuer. Die ersten unter den Seliggesprochenen, die sich mit Engeln vermischen und den Thron Gottes umgeben, sind diejenigen, die Heilige genannt werden. Ihre Fürsprache ist sogar wirksamer als die der Seraphim, und ihre Macht im Kampf gegen die Dämonen übertrifft die der Cherubim. Deshalb haben Königreiche, Gemeinschaften, Orden, Körperschaften und Gilden, ja sogar gesetzlose und verrufene Berufe (die mehr als andere Gnade und Fürsprache benötigen) ihre Schutzheiligen. Der Einzelne wird schließlich von dem Heiligen beschützt, auf dessen Namen er getauft wurde.

Die Kirche ist das Reich Gottes auf Erden; ihre kirchliche Hierarchie ist ein Abbild des Himmlischen; Ihr höchster Herrscher, der Papst, ist Gottes Stellvertreter. Ihre Bestimmung, die darin besteht, sich über die ganze Erde auszudehnen und alle Länder und Nationen in ihren magischen Kreis einzubeziehen, könnte nicht verwirklicht werden, wenn sie nicht die Macht besäße, die Könige und Armeen der Christenheit zu befehligen. Darüber hinaus ist es offensichtlich, dass die spirituelle Macht über der weltlichen steht: Erstere schützt die Seele, letztere nur den Körper. Sie stehen zueinander in einer Beziehung wie der Geist zur Materie. Deshalb muss es der Papst sein, der die höchste weltliche Würde verleiht – die der römischen Cäsaren . Er ist der Feudalherr der Kaiser, wie es der Kaiser der Könige, Herzöge und freien Städte ist oder sein sollte. Wäre es nicht so – wenn die verschiedenen Herrscher unabhängig von den Hütern der Religion wären –

wehe der großen Masse ihrer Untertanen! Gewiss, diese Scharen werden auf die Erde gebracht, um durch Menschlichkeit und Gehorsam diszipliniert zu werden; Sie haben in der Tat keine Rechte, auf die sie bestehen könnten, da sie außerhalb der Freiheit stehen; aber andererseits hätte die auf sie ausgeübte Unterdrückung keine Grenzen, wenn die Kirche, die die gemeinsame Mutter aller ist, die Autoritäten nicht an ihre Pflicht erinnern würde, die Niedrigen zu lieben und zu schätzen: Tatsächlich würde die gesamte soziale Ordnung zusammenbrechen Hat nicht eine höhere Macht als die, die vom Schwert abhängt, den Stärkeren gezwungen, jene Gelübde zu erfüllen, die er in der Gegenwart der Heiligen Dreifaltigkeit zum Schutz der Schwächeren abgelegt hat? Denn die einzigen bestehenden Rechte sind Privilegien und Investituren, die absolut auf versiegelten Bestimmungen beruhen.

Nach den Lehren der Kirche, die den einzigen Schlüssel zur Erlösung darstellen, hat der Mensch als Geschenk erhalten, was er durch die Wissenschaft niemals hätte erreichen können : die Kenntnis der höchsten Wahrheiten. Mit diesem Wissen darf er sich nicht länger vom Teufel dazu verleiten lassen, in die Geheimnisse des Universums einzudringen, ohne dass ihm dabei außer seinem verdunkelten Verstand geholfen werden könnte; denn solche Versuche enden im Allgemeinen im Irrtum und im Abfall vom Glauben. Dennoch ist die Verlockung groß, weil die höchsten Wahrheiten, wenn sie in das Gewand menschlicher Vorstellungen gekleidet werden, manchmal widersprüchlich und absurd erscheinen. Sie müssen daher nicht den Entscheidungen der Vernunft, sondern der Entscheidung des Glaubens unterworfen werden. Nur der Glaube ist in der Lage, sie zu durchdringen und zu erfassen. Die Lehren, die die Kirche mit der Unterstützung des Heiligen Geistes verkündet, sind, da sie allein wahr sind, für den gläubigen Forscher eine Fundgrube unendlicher Schätze. Folglich ist innerhalb der Kirche ein philosophisches System möglich, vorausgesetzt, dass seine Prozesse, die stets die Unfehlbarkeit der Dogmen postulieren, sich auf eine andächtige Analyse und bescheidene Betrachtung religiöser Grundsätze beschränken. Zu diesem Zweck kann der Anhänger der scholastischen Philosophie nach Belieben die aristotelische Dialektik anwenden und nach Belieben den Hebel des Syllogismus schwingen. Auch innerhalb der Orthodoxie kann es so manches *Wenn* und *Aber*, so manches *Pro* und *Contra* *geben*. Der schulische Denker muss nur das Wahrscheinlichste beweisen; Der unfehlbare Papst und seine Synoden bestätigen die wahren Schlussfolgerungen und widerlegen die Fehler, die, wenn sie widerrufen werden, vergeben werden. Für den Forscher ist es am besten, seine Forschungen auf die Vorschläge der frühen Kirchenväter zu stützen; Denn so werden nachfolgende Generationen auf den Grundlagen aufbauen, die ihnen ihre Vorgänger schon lange zuvor gelegt haben. Da sie alle der gleichen dialektischen Methode der Analyse und Synthese folgen, so dass das gesamte Subjekt von diesen Prozessen durchdrungen und seine Massen in eine architektonische Ordnung gruppiert werden, wird auf der Grundlage des Dogmas ein philosophischer Überbau errichtet, der jenen Kuppeln ähnelt, mit denen Die geschickten Meister des Mauerwerks verblüffen unsere Augen.

Die Welt wird immer schlimmer. Die Kirche kann die Sünde vergeben, aber ihre Ausbreitung nicht verhindern. Jede Generation erbt von der Vorgängerin eine Last böser Gesinnungen, Gewohnheiten und Beispiele, die sie ihrerseits noch schwerer auf die Schultern der Nachkommen legt. Jeder Sohn hat besseren Grund zum Seufzen als sein Vater. „Glücklich denen, die gestorben sind, bevor sie das Licht der Welt erblickten! der den Tod gekostet hat, bevor er das Leben erlebte!" [6] Die Heerscharen Satans greifen die Kirche von allen Seiten an. Von seinem Turm aus blickt der Wächter von Zion über die Welt und sieht, wie die Wogen der Geschichte, die jetzt von den Dämonen heftig gepeitscht werden, gegen den Felsen wälzen, auf dem Christus seinen Tempel gebaut hat. Mit großer Mühe wehren die mit Kreuzen geschmückten Heere Europas die Invasion der Sarazenen ab, deren Kommen durch Seuchen und Vorzeichen angekündigt wurde. Das Wahrzeichen der Kirche ist eine Arche, die auf stürmischer See inmitten eines Gewitters aus Regen und Blitzen hin und her geschleudert wird. Die Geschichte ist eine spirituelle Komödie, die auf einer Bühne aufgeführt wird, deren breiter Vordergrund, wie der der Mysterien, ein *Theater ist Diabolorum* ; während im schmalen Hintergrund die Kirche Gottes wie eine belagerte Zitadelle ihre Zinnen über dem Aufruhr in den düsteren Himmel streckt, von dem ihre Verteidiger erwarten, dass Jesus und seine Engel ihnen zu Hilfe kommen.

Doch bevor diese Erleichterung eintrifft, wird die Ungerechtigkeit ihren Höhepunkt erreicht haben. Es ist bereits in den heiligen Bereichen der Kirche selbst am Werk. Es ist für Gottes Stellvertreter schwieriger, die inneren Feinde zu unterwerfen als die äußeren. Einerseits glaubt mancher, in seiner eigenen Vernunft und seinem Gewissen die leitenden Wahrheiten gefunden zu haben, die er ohne jede Autorität außerhalb seiner selbst den Geboten entgegenstellt, die von oben kommen und deren göttlicher Ursprung durch ihn bestätigt wird der Glaube von hundert Generationen. Er begibt sich in eine Oppositionshaltung zum allgemeinen Glauben. So entstehen die Häresien – jene Krebsgeschwüre am Körper der Gemeinde, die durch Eisen geheilt werden müssen, wenn Salben nicht heilen, und durch Feuer, wenn das Eisen unwirksam ist. Andererseits werden die Menschen von ihren Leidenschaften so überwältigt, dass sie den Gott , der sie zurechtweist, im Stich lassen und zu Knechten eines anderen Gottes werden, der ihnen Gunst erweist. Stolz, gefesselt durch dunkle Abstammung, und scharfer Appetit nach Vergnügen, der durch Armut und Entbehrung von Befriedigung gefesselt ist, schütteln verzweifelt ihre Fesseln und rufen schließlich den Morgenstern von einst zu Hilfe. Der Erzunterweltler verspricht Vergnügen ohne Zwang und Macht ohne Grenzen. Der arme Sterbliche wird aus Angst vor den Schmerzen, die seinen Körper plagen, zu seinem Untergang getrieben. Sein Körper, der aus dem Staub der verfluchten Erde geformt wurde und immer ein Zentrum sinnlicher Wünsche war, wird von Gott den Angriffen des Teufels preisgegeben. „Hier verliert jemand ein Auge, jemand dort eine Hand; einer fällt ins Feuer und verbrennt, einer fällt ins Wasser und ertrinkt; ein anderer klettert auf eine Leiter und bricht sich das Genick, ein anderer stolpert wieder auf dem ebenen Boden und bricht sich ein Bein. Alle diese unvorhergesehenen Unfälle, die sich täglich ereignen, sind nur Schläge und Schläge des Teufels, die er uns aus purer Bosheit zufügt." [7] Mehr noch: Der Dämon ist in der Lage, den menschlichen Körper so gründlich in Besitz zu nehmen, dass er gleichsam zu seiner zweiten Seele wird, seine Glieder bewegt und mit seiner Zunge Lästerungen ausstößt, vor denen selbst deren teuflischer Urheber zittern muss . Aber obwohl der gottesfürchtige Mensch, wie der fromme Hiob, von solchen Leiden profitiert und obwohl das Gebet eine mächtige Zuflucht ist, gibt es dennoch eine ständig wachsende Zahl derer, die, getrieben von feiger Furcht vor der Macht des Fürsten des Bösen, suchen Sie ihre Sicherheit in einem Bündnis mit ihm; Dies umso mehr, als er ihnen eine teilweise Kontrolle über die Elemente und damit ein Mittel zur Beschäftigung und zur Schädigung anderer verleiht. So vervielfacht die schreckliche Pest der Zauberei ihre Opfer; und in den schwarzen Stunden der Mitternacht führen Hunderttausende, die den Namen Christen tragen, auf Bergen und in Wüsten geheime Rituale zu Ehren ihres satanischen Meisters durch. Die Zeit reift für die Ankunft des Antichristen, für den Tag des Jüngsten Gerichts und die endgültige Feuersbrunst.

In den Flammen dieses letzten Tages werden die sich drehenden Himmel und die Erde zerstört. Bewegung, Aktivität, Streit, Geschichte – alles ist zu Ende. Nur das Empyrean und die Hölle bleiben als antipodale Extreme des früheren Universums bestehen. Diese Feuersbrunst ist kein universeller Reiniger, der vernichtet, was an sich nicht existiert. [8] Es trennt nur für immer das Gold von der Schlacke. Das Reich des Teufels existiert weiter und seine Beute gehört für immer ihm. Aber es existiert nur deshalb, weil eine ewige Existenz sowohl für ihren Herrscher als auch für seine Untertanen eine ewige Strafe bedeutet. Von den neuen Himmeln und der neuen Erde aus, die das Fiat Gottes als Wohnort für diejenigen geschaffen hat, die der Zerstörung entkommen sind, nehmen diese erlösten Geister das Zähneknirschen und die Wehklagen ihrer zum Scheitern verurteilten Brüder wahr und blicken auf ihre Qualen und Qualen herab Elend, nicht mit Mitleid, sondern mit Freude, weil sie in ihrer Strafe die Rechtfertigung der göttlichen Gerechtigkeit erkennen; nicht vor Schmerz, sondern vor Freude, denn der Anblick ihres Elends verdoppelt ihr eigenes Glück. Aus den Tiefen dieser

Kluft des Elends steigen unaufhörlich Schreie der Verzweiflung, Lästerungen des Trotzes und Flüche des Zorns zum Empyrean auf, doch stören sie nicht die Hymnen, die Heilige und Engel immer um den Thron Gottes und der Welt singen Lamm; sie verstärken nur die Feierlichkeit des Gottesdienstes. [9]

———————————————

Dies war in ihren Hauptmerkmalen die kosmische Philosophie des Mittelalters; nicht abstrakt betrachtet, sondern so, wie es viele Jahrhunderte lang in der Realität unter christlichen Menschen existierte, ihre Gedanken, Vorstellungskraft und Gefühle leitete und ihre Handlungen bestimmte. Überreste davon sind immer noch in den Systemen bestehender Sekten sichtbar, obwohl sie mit der neuen Philosophie, an deren Entfaltung der menschliche Geist gearbeitet hat, unvereinbar sind. Seitdem der Geist der Christenheit im 16. Jahrhundert begann, sich durch Autorität vom Glauben zu befreien, hat der Einfluss der alten Ansichten auf die verschiedenen Lebensformen allmählich abgenommen.

Viele dieser Merkmale, die den Zustand der Gesellschaft im Mittelalter so seltsam von der der vorangegangenen hellenischen und den nachfolgenden modernen europäischen Zivilisationen abheben, haben ihren Ursprung in unterschiedlichen Theorien des Universums. Es ist kein Zufall, dass wir einerseits in der Geschichte Griechenlands auf so viele harmonische Formen stoßen, deren Gesichter Ruhe und stille Freude in allen Zügen widerspiegeln, und andererseits auch im Mittelalter viele Wesen, die in tiefster Düsternis begraben oder in rasender Verzückung erhaben sind, von Blut aus selbst zugefügten Wunden triefen oder im Fieber mystischer Emotionen glühen – kein Zufall, dass das frühere Zeitalter diese heiteren Formen liebt und sie in seinen heroischen Galerien verewigt, während letzterer seine exzentrischen Figuren verehrt und sie in seinen Legenden als heilige Vorbilder beschreibt. Es ist kein Zufall, dass die Kunst Griechenlands eine schöne Menschlichkeit widerspiegelt, während die des Mittelalters es liebt, sich mit Monstrositäten auseinanderzusetzen und sich zwischen den Extremen von schrecklichem Ernst und wilder Burleske bewegt; Es ist nicht nur ein Zufall, dass die Wissenschaft des Griechen rational ist – dass er die Kategorien in der Logik entdeckt und in seiner Geometrie eine höchst vollkommene Struktur starrer Demonstration aufstellt, während die Wissenschaft des Mittelalters im Gegenteil Magie ist –, *ist* ein Korrespondenzlehre , Astrologie, Alchemie und Zauberei .

Für die Griechen war das Universum eine harmonische Einheit. Das Gesetz der Vernunft, verschleiert unter dem Namen Schicksal, regierte über die Götter selbst. Die vielfältigen Ereignisse des Mythos lagen weit in der Ferne; sie verzerrten nicht einmal die Vorstellungskraft des Dichters, als er sich mit ihnen beschäftigte; noch weniger der Glaube der Menge und am allerwenigsten die Nachforschungen des Denkers. Die ununterbrochene Abfolge der Ereignisse lud zur Kontemplation ein, der man sich umso leichter hingeben konnte, als niemand vorgab, ein vollständiges System der offenbarten Wahrheit geschenkt bekommen zu haben, und umso freier, als keine Autorität den Einzelnen zwang, zwischen solchen zu wählen ein System und Verderben. An der Fähigkeit der Vernunft, zum inneren Wesen der Dinge vorzudringen, bestand im Allgemeinen kein Zweifel, da den Griechen keine Kenntnis vom Sündenfall, der diese Fähigkeit zunichte machte, zu Ohren gekommen war. In Bezug auf Wissen baute der Grieche konsequent auf Beweise und innere Autorität auf. Dasselbe galt auch für die Moral. Sie waren davon überzeugt, dass die Impulse, die das Glück des häuslichen Lebens förderten, gut seien; und dass diejenigen, die dem nicht entgegenwirkten, zumindest gerechtfertigt waren; und so genossen sie in Maßen die Gaben der Natur, ohne zu ahnen, dass der großzügige Geber verflucht war. Das Ideal der Weisheit, das sie formuliert hatten, basierte auf ihrer inneren Erfahrung, ob es nun die freudigen Züge von Epikur, die strengeren Züge von Zeno oder den milden und resignierten Ausdruck von Epictetus hatte; und wenn sie sich bemühten, es in ihrem Leben zu verwirklichen, gingen sie immer davon aus, dass dies durch eine tägliche Stärkung des Willens möglich sein würde. Die Bemühungen der Griechen, Reinheit und Tugend zu erlangen, waren sozusagen eine Gymnastik zur Entwicklung der Gehirnmuskulatur. Dabei zeigte sich die gleiche Kraft und das gleiche Selbstbewusstsein wie bei der Palästra . Seufzer und Kummer waren bei dieser Art von Reformbemühungen fremd. Dennoch war es nicht ganz fruchtlos. Das alte Sprichwort, dass Gott denen hilft, die sich selbst helfen, kann hier angewendet werden. Dass es große, mächtige und edle Naturen hervorbrachte, war so unbestreitbar, dass sogar einer der christlichen Väter, als er ihre Leistungen betrachtete, anfing zu zweifeln, ob sein Weg, Vollkommenheit zu erreichen, wirklich der einzige war, bis es ihm gelang, sich selbst davon zu überzeugen, dass „Der Die Tugenden der Heiden sind leuchtende Laster." Die harmonische Persönlichkeit des Griechen und die Rationalität der griechischen Wissenschaft hingen von der Einheit, der Harmonie ihrer kosmischen Ansichten ab – davon, dass sie das Ganze als eine Einheit in seiner Vielfalt auffassten, nicht als eine unversöhnliche Unvereinbarkeit zweier absolut antagonistischer Prinzipien .

Wenn im Gegenteil die höchste herrschende Macht in der Natur eine willkürliche göttliche Laune ist, wenn die Welt, die vor der Menschheit liegt, von rein zufälligen Entscheidungen anderer regiert wird, die ihrerseits ständig durch feindliche Einflüsse aus einem höllischen Königreich gestört werden; Wenn dieser Kampf darüber hinaus nicht nur in der Außenwelt, sondern auch im innersten Kern der menschlichen Natur tobt und ihre Vernunft, Gefühle und ihren Willen beeinträchtigt, so dass sie sie ohne ihre

Entscheidung als Mittel zu ihrer Erhöhung oder ihrem Verderben einsetzen kann, dann ist das der Fall in der Tat gibt es keine Kausalität, nach der gesucht werden könnte, und folglich gibt es nirgendwo einen Bereich für wissenschaftliche Untersuchungen. Gäbe es überhaupt so etwas wie Wissenschaft, würde sie weit über die Kräfte des Menschen hinausgehen, da man der Vernunft, einem bloßen Spielzeug dämonischer Mächte, nicht trauen kann. Auch hat seine Persönlichkeit nicht mehr ihren Schwerpunkt in sich selbst. Dann ist der Mensch in einem übermäßigen Bedarf einer solchen Befreiungsinstitution wie der Kirche, die ihn lehrt, was die göttliche Autorität willkürlich als gut oder böse entschieden hat; während die übernatürlichen Gnadenmittel, die Sakramente, ihm die Kraft verleihen, dem Bösen zu widerstehen, und ihn von seinen Fehlern befreien. Auf diese Weise verdrängt die äußere Autorität die innere, die an den Wurzeln zerrissen ist. Das Ideal menschlicher Vollkommenheit, das unter solchen Bedingungen möglich ist und tatsächlich dadurch entsteht, dass die natürliche Aktivität des Geistes ständig danach strebt, alle akzeptierten Vorstellungen in Einklang zu bringen, stellt sich auf die Autoritätslehre als Grundlage und akzeptiert deren übernatürlichen Charakter. Dass das Ideal des Mittelalters asketisch und seine Wissenschaft magisch ist, ist eine direkte Folge seiner dualistischen Vorstellung vom Universum und seiner besonderen Natur.

Der Dualismus des Mittelalters wurde aus Persien abgeleitet. Es ist die Grundidee der zoroastrischen Lehre, die nach langem Kampf gegen die einheitlichen Vorstellungen der Griechen schließlich in das Abendland vordringt und es völlig erobert. Dieser siegreiche Kampf des Orients gegen Europa ist die Summe der Geschichte zwischen Cyrus und Konstantin. Die äußeren Ereignisse, die diese Jahrhunderte erfüllen, erhalten ihre wahre Bedeutung, wenn man in ihnen und hinter ihnen den Kampf zwischen den beiden widerstreitenden Ideensystemen wahrnimmt. Wie versteckte Schachspieler setzen sie ihre unbewussten Champions auf dem Geschichtsbrett gegeneinander an.

Als Cyrus die jüdischen Gefangenen von den Flüssen Babylons in die Berge Jerusalems heimschickt, gewinnt er für den Dualismus jene wichtige Flankenposition am Mittelmeer, deren Bedeutung sich Jahrhunderte später im Verlauf der Schlacht zeigt. Der „Gegner" (Satan), der manchmal in den jüngsten Teilen des Alten Testaments erscheint, das unter persischem Einfluss geschrieben wurde, und in der rabbinischen Literatur eine immer größere Rolle spielt, ist der judaisierte Ahriman; Die Dämonen, die es zur Zeit Christi in Palästina reichlich gab, bezeugen, dass der Dämonenglaube des persischen Dualismus in die Vorstellungskraft und das Gefühl der Juden eingedrungen war und dort Früchte getragen hatte. Neben dieser friedlichen Eroberung spielt sich das große Kriegsdrama zwischen Griechenland und Persien ab. Obwohl dies kein anerkannter Religionskrieg ist, sind es dennoch

Ormuzd und Ahriman, die bei Marathon, Salamis und Plataä zurückgeschlagen werden . Es ist der griechische Unitarismus , der in diesen Schlachten gerettet wird, um sich eine Zeit lang ungestört zu einem strahlenden und schönen Krieg zu entwickeln Kultur. Wie bereits gezeigt wurde, sind Magie und der Glaube an Autorität die notwendigen Konsequenzen einer dualistischen Religion; Einschränkung und Vernichtung der freien Persönlichkeit sind gleichermaßen notwendige Folgen des Autoritätsglaubens. Kann jemand, der den Konflikt betrachtet, der auf dem Marathonfeld tobte, nicht den Zusammenprall zweier spiritueller Gegensätze, zweier verschiedener Ideensysteme erkennen, wenn er die Banden der Griechen sieht, die aus ihren Agorai (Orten für politische Diskussionen) und Turnhallen stammen ? Fröhlich und geschmückt, aber ohne die Gefahr geringzuschätzen, vorrücken, um den unzähligen Heerscharen des Orients entgegenzutreten, die von der Geißel ihrer Anführer getrieben werden? Auf der einen Seite eine voll entwickelte freie Persönlichkeit, die ihren Ursprung in einer harmonischen Naturauffassung hat, auf der anderen Seite die blinde Unterwerfung unter äußere Gewalt. Auf der einen Seite Freiheit, auf der anderen Despotismus. Man könnte mit Hilfe einer logischen Schlussfolgerung hinzufügen, obwohl diese etwas entfernter erscheinen mag: auf der einen Seite Rationalität, auf der anderen Magie.

So durch den Sieg gestärkt macht sich Europa auf die Suche nach dem Feind im eigenen Land. Alexander erobert Asien. Doch der neue Achilles ist in den Ketten seines eigenen Sklaven gefesselt. Denn während sich die griechische Kultur über die Oberfläche der eroberten Länder ausbreitet , schreitet der orientalische Geist unter ihr in entgegengesetzter Richtung voran. Die Wellen der beiden idealen Strömungen vermischen sich teilweise. In den Bibliotheken von Alexandria und Pergamon fließen die Literaturen des Orients und des Abendlandes zusammen; in ihren Hallen treffen sich die Weisen des Ostens und des Westens; In ihren Lehrsystemen Zoroaster und Platon vermischen sich Fantasie und Spekulation, Magie und Rationalismus auf außergewöhnlichste Weise. Der Sieg Alexanders war der des Kriegers und nicht der des nüchternen Schülers des Aristoteles. Die jüdisch - alexandrinische Philosophie blüht auf, und der Gnostizismus , dieser monströse Bastard spezifisch unterschiedlicher kosmischer Systeme, ist bereits geboren, als das Christentum in Palästina entsteht, sich mit dem von Zoroaster abgeleiteten jüdischen Dualismus vereint und so die Welt erobert die Waffen des Glaubens.

Mittlerweile hat Rom sein Reich erweitert und gefestigt. Die darin enthaltenen Nationalitäten wurden miteinander vermischt; ihre verschiedenen Götter wurden in dasselbe Pantheon getragen; und ihre Ideen wurden von Angesicht zu Angesicht präsentiert. Um seine Existenz aufrechtzuerhalten, war das Weltreich gezwungen, sich in einem

Despotismus orientalischer Art zu zentralisieren, die freien Staatsformen sind untergegangen, philosophischer Skeptizismus und Eudämonismus haben in den gebildeten Klassen die überlieferten Vorstellungen von Religion abgeschafft. All dies, mit seinen Begleiterscheinungen moralischer Verderbtheit und materieller Not, hat den Boden des Abendlandes für die Aufnahme des Samens der neuen Religion bereitet. Leere und Elend machen den Unterschied zwischen Idealität und Realität, zwischen Gut und Böse selbst für einheitliche Nationen umso deutlicher spürbar. Der so vorbereitete Dualismus im Bereich des Denkens und Fühlens breitet sich in christlicher Form mit unaufhaltsamer Kraft über die römischen Provinzen aus. Unzählige Massen der Armen und Unterdrückten widmen sich der „Philosophie der Barbaren und des Orients" (wie ein griechischer Denker das Christentum nannte), weil sie darin ihre eigene Lebenserfahrung erkennen und in ihrer Hoffnung auf Erleichterung völlige Gewissheit haben.

Das hellenisch -römische Heidentum leistet einen fruchtlosen Widerstand. Die Verfolgungen seitens des Staates beschleunigen nur die Ausbreitung des Christentums. Was der Staat nicht kann , kann vielleicht die hellenische Kultur und Philosophie leisten. Diese waren einst feindselig und versöhnten sich angesichts der gemeinsamen Gefahr. Die sterbende Lampe der Antike flammt auf und erhellt sich, wenn reine Herzen und tiefgründige Köpfe, die die Mythen sonst als Aberglauben verachteten, sie nun als Symbole höherer Wahrheiten begreifen. Die Philosophie schreitet voran, in Form des Neuplatonismus.

Aber der Neuplatonismus hat sich selbst vom Rationalen und Unitarischen abgewandt. Plotin und Ammonius Saccas versuchen vergeblich, es wiederherzustellen. Es hilft seinem Gegner nur unwissentlich, besonders wenn es, um die Massen zu gewinnen, bereit ist, mit ihm in Wundern zu konkurrieren. Jamblichus und andere praktizieren Geheimkünste, um die christlichen Magier zu übertrumpfen, und sie verherrlichen Pythagoras und Appollonius von Tyana als würdig, mit Jesus von Nazareth hinsichtlich der Wundergaben gleichzuziehen. Dadurch tragen sie nur zur Verbreitung der Magie und der Prinzipien des Dualismus bei. Um so rascher schreitet die Strömung orientalischer Vorstellungen auf ihrem Siegeszug voran.

Der christliche Dualismus fühlt sich bereits stark genug, nicht nur gegen seine erklärten Feinde zu kämpfen, sondern auch gegen jene abendländischen Elemente der Kultur, die er in seinen Anfängen in seinen Schoß aufgenommen hatte und die ihm Eingang in die intelligenteren Klassen verschafft hatten. Instinktiv hat man das Gefühl, dass selbst die innerhalb der Kirche entstandene Denkschule viel zu einheitlich und rationalistisch ist, als dass man sie auf lange Sicht tolerieren könnte. Solche Männer wie Clemens von Alexandria und Origenes, denen das Äußerliche und Unvergängliche des Christentums auffällt und die es von seiner dualistischen Form zu trennen wissen, führen einen tragischen Kampf um die Vereinigung von Glauben und Denken. Sie geben zwar zu, dass Christus alles in allem die unmittelbare Macht und Weisheit Gottes ist, wollen aber dennoch die hellenische Philosophie vor der Zerstörung bewahren, die ein Fanatismus, der sich an der Gewissheit und Allgenügsamkeit der Offenbarung erfreut, gegen jeden Ausdruck einer abendländischen Kultur richtet , sei es im nationalen Leben, in der Kunst oder in der Wissenschaft. Sie weisen darauf hin, dass die Philosophie, wenn sie sonst nichts Gutes tun kann, eine rationale Waffe gegen diejenigen sein kann, die den Glauben angreifen, und dass sie die „wahre Verteidigungsmauer rund um den Weinberg" sein kann und sollte. Ihr Argument ist wirkungslos. Die Philosophie ist vom Teufel: Ja, alles Wahre und Gute im Leben und in der Lehre, das das Heidentum besessen hat, wird von einem der Väter für eine Betrügerei Satans erklärt (ingenia diaboli *quædam de divinis ) . Affektandis* ); und der Glaube ist so weit unabhängig vom Denken, dass es besser ist zu sagen: „Ich glaube, *weil* es unwahrscheinlich, absurd, unmöglich ist." [10] Vergeblich ruft der sterbende Clemens aus: „Selbst wenn die Philosophie vom Teufel wäre, könnte Satan die Menschen nur im Gewand eines Engels des Lichts täuschen: Er muss die Menschen durch den Schein der Wahrheit, durch die Vermischung von Wahrheit und Falschheit verführen." ; Wir sollten daher die Wahrheit suchen und erkennen, aus welcher Quelle auch immer sie kommt.... Und selbst dieses Geschenk an die Heiden kann nur durch den Willen Gottes ihnen zuteil geworden sein und muss daher in den göttlichen Plan der Erziehung der Menschheit einbezogen werden.. ... Wenn Sünde und Unordnung dem Teufel zuzuschreiben sind, wie absurd ist es dann, ihn zum Urheber und Geber einer so guten Sache wie der Philosophie zu machen! ... Gott gab den Juden das Gesetz und den Heiden die Philosophie, nur um sich darauf vorzubereiten das Kommen Christi." Das sind die Worte, die das letzte erlöschende Echo der hellenischen Kultur und Menschheit erklingen lassen! Es ist kein Zufall, dass Clemens und Origenes mit der Philosophie auch versuchten, die einheitlichen Prinzipien zu retten, indem sie die Lehre von der ewigen Strafe in der Hölle ablehnten und behaupteten, der Teufel werde schließlich gut und Gott sei alles in allem. Aber eine solche Anschauung konnte in einer Zeit keine Aufmerksamkeit erregen, in der sich das Christentum, nur weil es nicht scharf und konsequent dualistisch war, durch jenen völlig konsequenten und durchgreifenden Dualismus gefährdet fühlte, der unter dem Namen Manichäismus erneut aus dem Persischen gegen Europa vordrang Grenze. Obwohl der Manichäismus eine Niederlage erlitten zu haben schien, ließ einer seiner früheren Anhänger, Augustinus, seinen Geist in die Kirche einfließen. Im folgenden Jahrhundert zerstörte die germanische Migration zusammen mit den letzten Schulen auch die letzten Überreste der griechisch -romanischen Kultur. Die Barbaren wurden oft durch Pomp und Täuschung dazu überredet, sich taufen zu lassen; Ihre

Gottheiten wurden, wie einst die Bewohner des Olymp, zu bösen Dämonen degradiert. Alles, was ihrer Vereinigung mit der Kirche vorausging oder nicht mit ihr in Zusammenhang stand, die alten Erfahrungen und Traditionen dieser bekehrten Nationen, alles wurde verurteilt und der Welt des Bösen zugeschrieben. Die Herrschaft des orientalischen Dualismus in Europa war endgültig etabliert, und die lange Nacht des dunklen Zeitalters hatte begonnen. Sechs Jahrhunderte trennen Proklos, den letzten Neuplatoniker von Bedeutung, und Augustinus, den letzten in Philosophie gebildeten Kirchenvater, und Anselm, den Gründer der Scholastik! Zwischen ihnen liegt eine Fläche, in der Gregor der Große und Scotus Erigena fast die einzigen Sterne sind, und diese keineswegs von der ersten Größenordnung. „Es gibt Wüsten sowohl in der Zeit als auch im Raum", sagt Bacon.

Als erneut ein schwacher Versuch einer wissenschaftlichen Tätigkeit möglich war, war der mönchische Gelehrte glücklich genug, ein paar fleckige Blätter des Aristoteles zu besitzen, die er, allerdings nicht direkt, von den Arabern erhalten hatte. Auf diesen Blättern las er mit Erstaunen und Bewunderung die Methode einer logischen Untersuchung. Im Übrigen waren es Hermes Trismegistus, Dionysius Areopagita (die Übersetzung von Scotus Erigena) und andere mystische Werke aus unbekannter Hand, mit hier und da Anklängen an den Neuplatonismus, die der verträumte Scholiast eingefügt hatte, als er Material dafür brauchte Abrundung der Kosmologie, deren Prinzipien er in den Dogmen der Kirche gefunden hatte.

Selbstverständlich konnte das Dunkle Zeitalter die enge Beziehung zwischen seinen kosmischen Ansichten und denen Zoroasters nicht erkennen und noch weniger zugeben; aber es lässt sich immer noch ein schwacher Verdacht darauf erkennen. Die Gelehrten des Mittelalters schrieben Zoroaster den Begründer der magischen Wissenschaften zu. Sprenger (Autor von Malleus Malificarum , dessen verhängnisvolles Werk später folgt), Remigius, Jean Bodin , Delrio und mehrere andere Juristen und Theologen, die sich als Richter von Hexenprozessen einen traurigen Ruf erworben haben, schreiben in ihren Schriften den Ursprung der Hexerei zu Zoroaster.

Die dualistische Vorstellung wurde nach dem Eintritt in das Christentum nicht verändert, sondern verschärft. Die Religion Zoroasters, die ein gutes erstes Prinzip voraussetzt, [11] lässt zu, dass das Böse, das mit der Zeit entstanden ist, im Laufe der Zeit verschwindet; und es endet mit der Lehre von der endgültigen „Wiederherstellung aller Dinge" ( ἀ π οκ ατ ά στασις π ά ντων ), die schon im Neuen Testament schwach hervorscheint und infolgedessen das Böse auf etwas bloß Phänomenales reduziert. In den Lehren der Kirche jedoch, wie sie durch den Einfluss von Augustinus, dem Manichäer , etabliert wurden, wird das Böse, obwohl es in der Zeit entstanden ist, ewig gemacht. Dieser Unterschied ist von großer praktischer Bedeutung und erklärt, warum der Dualismus in seiner Heimat im Orient nicht die gleichen schrecklichen Früchte trug wie im Abendland. Die schreckliche Trennung und der Kontrast, mit dem die Divina Am Ende der Komödie des Mittelalters – die Wehklagen und Flüche, die aus der Hölle aufsteigen, um die Glückseligkeit der Erlösten zu verstärken – bilden eine so abscheuliche Vorstellung, dass sie nicht in Gedanken und Gefühle integriert werden könnte, ohne sie wild zu machen. Mitgefühl, Wohlwollen, Liebe – jene Eigenschaften, durch die der Mensch eine Verbundenheit mit dem Göttlichen empfindet, verlieren ihre Bedeutung und werden ihres ewigen Siegels beraubt, wenn sie bei seinem Schöpfer nicht mehr zu finden sind, es sei denn, sie werden durch die Handlung eines anderen eingeschränkt oder vielmehr aufgehoben Qualität, die der fromme Mann sich zwingen wird, Gerechtigkeit zu nennen, die aber eine unbändige Stimme aus den tiefsten Tiefen seiner Seele Grausamkeit nennt. Hinzu kommt noch ein weiterer wichtiger Gesichtspunkt. Der Diener von Ormuzd ist ebenso wenig Eigentum des Teufels wie die Erde, die er betritt. Sicherlich ist er auf allen Seiten vom Verrat Ahrimans und aller Dämonen umgeben, aber dies nur, weil er berufen und bereits mit der Macht ausgestattet ist, der Verfechter des Guten auf Erden zu sein. Dadurch wird er in den Tumult der Schlacht hineingezogen. Die Kraft zum Guten, die ihm einmal verliehen und durch das Gebet ständig erneuert wird, ist zugleich auch seine eigene; er kann es nutzen, ohne sich in der verwirrenden Frage zu verlieren, wo die Freiheit aufhört und die Gnade beginnt. Jeder, der an der Lehre des Lichts festhält, steht auf eigenen Füßen. Dies gilt für jeden Diener von Ormuzd ; Zoroaster hat in dieser Hinsicht keinen Unterschied zwischen Priester und Laie gemacht. Selbst der Autoritätsglaube, an sich ein Eingriff in die freie Persönlichkeit, wahrt ihr in dieser Form der Religion einen freien und unantastbaren Raum.

In der Kirche des Mittelalters ist der Fall anders, und er kann nicht besser dargestellt werden als mit den folgenden Worten des Neulutheraners Vilmar , als er dem Klerus „die Macht, die Gemeinde durch das Wort zusammenzuhalten, uneingeschränkt vorbehalten wollte, die Sakramente und die kirchliche Autorität, die Macht, der Sünde mit einem einzigen Wort den Kopf zu spalten, die Macht, in eine Seele hinabzusteigen, in der der Feind die Dunkelheit des Wahnsinns verbreitet hat, und die trotzigen Knie des Wahnsinnigen zu beugen und seine rasenden Fäuste zu zwingen im Gebet zu falten, ja, die Kraft [hier haben wir den Höhepunkt, der nach dem Vorhergehenden eher zahmlich ist], in eine Seele hinabzusteigen, in der der alte Feind seinen Wohnsitz errichtet hat, und dort den unverschämten Riesen aus den Bereichen der Dunkelheit zu bekämpfen Von Angesicht zu Angesicht und von Auge zu Auge. All dies" – fährt Vilmar fort, der selbst einem hektischen Zauberer nicht unähnlich ist, der den Geist des dunklen Zeitalters aus seinem Grab beschwören möchte – „ all dies liegt nicht in der Macht der Gemeinde oder des Ministeriums, die nicht mit der erforderlichen

Autorität ausgestattet sind." , Auftrag, Mandat und Macht. Die Gemeinde ( *d . h.* die Laien) ist nicht in der Lage, in die wütenden Augen des Teufels zu schauen; denn was von den letzten Tagen prophezeit wird, dass sogar die Auserwählten, wenn es möglich wäre, verführt werden würden, trifft mit größerer Kraft auf die besondere Erscheinung Satans in dieser Welt zu: Vor ihr liegt die Gemeinde zerstreut wie Schneeflocken, nicht verführt, sondern zu Tode erschrocken. Nur wir (der Klerus) haben keine Angst und sind furchtlos; Denn wer den Fürsten dieser Welt abgelehnt hat, hat uns vor das schreckliche Schlangenauge des Erzfeindes gestellt, vor seinen blasphemischen und verächtlichen Mund, vor sein höllisch verzerrtes Gesicht." [12] Diese Worte aus der Feder eines fanatischen Dualisten unserer Zeit repräsentieren, wie oben angedeutet, gut die allgemein akzeptierten Ansichten des Mittelalters; und es ist daher nicht verwunderlich, dass die mittelalterlichen Generationen ihre Persönlichkeit aufgaben und sich, um gerettet zu werden, überstürzt in die Arme der magischen Institution der Befreiung stürzten. Die auf den folgenden Seiten beschriebenen Phänomene werden nach diesem einführenden Blick auf die Philosophie des Mittelalters nicht so willkürlich und seltsam erscheinen, wie sie es sonst auf den ersten Blick tun würden. Auch sie sind ein Produkt einer inneren Notwendigkeit. Wäre es möglich – und es fehlt an beklagenswerten Versuchen –, die Dogmen des Mittelalters in den Gedanken, Gefühlen und Vorstellungen der Menschheit wiederzubeleben , würden wir Zeuge einer teilweisen Nachstellung ihrer schrecklichen Szenen werden. Sie darzustellen hat nicht nur ein rein historisches Interesse, sondern auch eine warnende und praktische Bedeutung.

# II.
# DIE MAGIE DER KIRCHE.

Magie ist der Vorbote der Wissenschaft . In der Geschichte der menschlichen Entwicklung geht die dunkle Wahrnehmung der klaren voraus, und die Herrschaft der Vorstellungskraft geht der der Vernunft voraus. Bevor letztere die mühsame Aufgabe übernehmen konnte, die Tatsachen der äußeren und inneren Erfahrung durch ihre eigenen Gesetze miteinander zu verbinden, – bevor es irgendeine Philosophie oder Naturwissenschaft gab, regte sich die Einbildungskraft bei der Erschaffung der Magie.

Wie die Wissenschaft basiert auch die Magie in ihrer ursprünglichen Form auf dem Prinzip, dass alle existierenden Dinge miteinander verknüpft sind. Die Wissenschaft sucht sowohl deduktiv als auch induktiv nach den Zusammenhängen der Vereinigung; Die Magie sucht ihren Halt in den äußerlichen Ähnlichkeiten zwischen existierenden Dingen [13] und in einer vagen Gewissheit über die Macht des Willens und der Worte und stellt diese Verbindung frei durch willkürliche Assoziationen zwischen unpassenden Objekten her. Der Mensch, der sich im Kampf um die physische Existenz befindet, zielt dabei weniger auf theoretisches *Wissen* als vielmehr auf praktisches *Können ab* . Das Wissen um die Geheimnisse wird ihm die Möglichkeit geben, seinem Gott zu gefallen, unzugänglich für schädliche Einflüsse und Herr seiner gegenwärtigen und zukünftigen Existenz und seines Schicksals zu werden.

Die magischen Bräuche, die es bei jedem Volk gibt, weisen eine nahezu unendliche Vielfalt an Formen auf. Letztlich lassen sie sich jedoch alle auf einen einzigen Typ reduzieren.

Die tägliche Erfahrung lehrt, dass zwischen jeder Ursache und ihrer Wirkung ein gewisses Verhältnis von Kraft besteht. Da nun die Wirkung, die mit der Anwendung der Magie angestrebt wird, außergewöhnlicher Natur ist, müssen die Mittel, die die magische Kunst vorschreibt, eine außergewöhnliche Wirksamkeit besitzen, die die Vernunft weder *a priori* noch durch induktives Denken vorhersagen kann. Darüber hinaus lehrt uns die Erfahrung, dass der Wille als bloßes träges Verlangen, das noch nicht in die Tat umgesetzt wird, sein Ziel nicht erreicht. Magische Kraft kann also nicht im bloßen Willen als solchem gesucht werden, sondern es muss die Tat, jene Wirkungsweise der Sinne, die der Wille als Mittel anwendet, in der er sich offenbart, hinzugefügt werden, sei es die Kraft dieses Sinnesmittels, wie die ursprüngliche Magie annimmt, hängt von ihrer mystischen, aber notwendigen Verbindung mit ihrem entsprechenden Objekt in einer höheren Sphäre ab (z. B. der Verbindung zwischen den Metallen und den Planeten), oder wie in der Kirchenmagie von einer willkürlichen

Entscheidung Gottes, Er ordnet an, dass ein bestimmtes Mittel, wie von ihm vorgeschrieben eingesetzt, eine Wirkung hervorrufen soll, die mit der Vernunft unvorstellbar ist. Bei jeder Anwendung der Magie kommt daher zunächst der subjektive spirituelle Faktor in Betracht: der Wille (in der Sprache der Kirche der Glaube); zweitens die sinnlichen Mittel – der Fetisch, das Amulett, das Weihwasser, die Hostie, die Formel des Exorzismus, die Zeremonie usw.; und drittens die unfassbare („übernatürliche") Kraft, die der magische Akt, angeeignet durch den Willen (oder Glauben), besitzt.

Der Glaube an Magie ist bei allen Nationen verbreitet. Bei den einheitlichen Ansichten sollte sie durch das Anwachsen der Spekulation und der Naturwissenschaft immer mehr in den Hintergrund gedrängt werden. Bei ihnen gab es auch nur eine Form der Magie, obwohl man davon ausging, dass diejenigen, die im Besitz ihres Geheimnisses waren, in der Lage waren, sie sowohl zu einem nützlichen als auch zu einem schädlichen Zweck anzuwenden. Nur unter Nationen, die dualistische Ansichten vertreten, treffen wir auf Magie in zwei Formen: bei den Priestern, einem *Weißen* und einem *Schwarzen* , – ersterer als die gute Gabe von Ormuzd , letzterer als die böse Gabe von Ahriman; Bei den Christen des Mittelalters gab es eine *himmlische* Magie und eine *teuflische* , wobei ersteres ein Privileg der Kirche war und von Gott als Waffe verliehen wurde, um bei der Eroberung Satans zu helfen. Letzteres ist eine höllische Kunst zur Förderung des Unglaubens und der Bosheit. Nach einer einheitlichen Theorie ist die Magie nur eine Vorbereitung für die Naturphilosophie und macht ihr nach und nach Platz, bis sie als Relikt einer vergangenen Entwicklungsstufe auf die untersten Klassen beschränkt bleibt. Die dualistischen Religionssysteme hingegen gehen eine innige Verbindung mit der Magie ein, verleihen ihr die gleiche universell und ewig gültige Macht, die sie sich selbst zuschreiben, und setzen sie in Form eines göttlichen und sakramentalen Geheimnisses auf ihren eigenen Thron. Nur so kann der Glaube an die Magie ganze Zeitalter und Kulturperioden mit seinem eigentümlichen Siegel prägen; Nur so – nach seiner Trennung in himmlisch und teuflisch und in der kausalen Beziehung zum zeitlichen oder ewigen Wohl oder Wehe des Menschen, in die es gestellt wird – erlangt es eine absolute Souveränität über die Vorstellungskraft und Gefühle eines Volkes.

Unsere Betrachtung der Magie des Mittelalters kann mit einer Beschreibung der himmlischen oder privilegierten Magie beginnen, das heißt *der Magie der Kirche* ; damit wir in natürlicher Reihenfolge zur verrufenen Magie der *Gelehrten* (Astrologie, Alchemie, Zauberei) und zur verfolgten *Volksmagie* (in der die Kirche die wirklich teuflische Form sah) übergehen können; und endet mit einem Bericht über die schreckliche Katastrophe, die durch den Kampf zwischen ihnen verursacht wurde.

Es ist nicht die Schuld des Autors, wenn der Leser in der Magie der Kirche eine Karikatur des Heiligen findet, in der das Komische durch das Abstoßende überlagert wird. Je objektiver die Darstellung erfolgen soll, desto unangenehmer werden ihre Züge. Wir werden uns also kurz fassen.

---

Wie eine fürsorgliche Mutter schätzt und pflegt die Kirche den Menschen und umgibt ihn von der Wiege bis zur Bahre mit ihren magischen Schutzmaßnahmen. Kurz nach der Geburt eines Kindes muss der Priester bereit sein, es mit Weihwasser zu besprengen, das durch Gebete und Beschwörungen von der Verschmutzung der Dämonen gereinigt wurde, die selbst dieses Element bewohnen. Denn das schwache Wesen, das in Sünde und von Natur aus gezeugt wurde, wäre Luzifers Eigentum ohne die Gnade der Taufe für immer im Himmel verloren und für immer den Qualen der Hölle verdammt. [14]

Deshalb versuchte mehr als ein gewissenhafter Diener der Kirche, eine Möglichkeit zu finden, wie das rettende Wasser mit dem Kind in Kontakt gebracht werden könnte, bevor es das Licht erblickte. Dennoch wurde diese Vorsichtsmaßnahme nie offiziell verabschiedet. Die Wirksamkeit des Taufwassers übertrifft die des Beckens Bethesda, das nur körperliche Gebrechen beseitigte. Die Taufe rettet Millionen Seelen vor der Hölle. Als der Teufel dies voraussah, beschloss er, voller böser Machenschaften, bereits vor dem Aufkommen des Christentums, dieses Sakrament zu entwürdigen und zu verachten, indem er im Vorgriff eine Kopie davon in den von ihm eingeführten Mithras-Mysterien anfertigte, die in anderer Hinsicht unverschämt nachahmen die Geheimnisse der Kirche.

Bei der Taufe wirken andere vom Priester geweihte Mittel mit dem Wasser zusammen: nämlich das Öl, der Speichel (den der Priester nach der Taufe auf das Kind fallen lässt und dessen Wirksamkeit aus Markus VII. 33 abgeleitet wird). , das Salz, die Milch und der Honig. [15] Außerdem gibt es das Kreuzzeichen und die Beschwörung, die den Versucher aus dem Kind vertreiben und Raum für den Heiligen Geist schaffen. Durch diese magischen Zeremonien wird das Kind in die Kirche aufgenommen und nimmt von da an an dem Schutz teil , den es vor dem Bösen gewährt.

Tauf- oder Weihwasser heilt und stärkt, wenn es von Kranken und Gebrechlichen getrunken wird; Wenn es auf die Felder gestreut wird, fördert es die Fruchtbarkeit, oder wenn es den Haustieren gegeben wird, bietet es ihnen Schutz vor Hexerei.

So wie die Taufe das erste rettende und heiligende Sakrament ist, das dem Menschen gespendet wird, so ist die Salbung mit heiligem Öl, die dem Sterbenden gespendet wird, das letzte. Zwischen ihnen ist die Eucharistie eine immerwährende Quelle der Kraft und Heiligung – die Eucharistie, in der „Brot und Wein, die nach vollzogener Weihe auf den Altar gelegt werden, Gottes wahres Fleisch und Blut sind, dessen Fleisch für die Sinne wahrnehmbar (sensualiter) berührt wird . " durch die Hände des Priesters und zerkaut durch die Zähne des Gläubigen." [16] Wenn der Priester die Formel der Verwandlung ausgesprochen hat, erhebt er die Hostie, [17] nun nicht mehr Brot, sondern der Leib Christi, die Gemeinde kniet nieder und das Läuten der Glocken verkündet der Nachbarschaft das größte aller Werke der Magie ist vollendet. Von den Gläubigen gegessen, dringt das Fleisch Christi in ihr eigenes Fleisch und Blut ein und stärkt wunderbar Seele und Körper. [18] Ketzer in Arras, die glaubten, dass Gerechtigkeit für die Erlösung notwendig sei und an der Transsubstantiationslehre zweifelten, konvertierten, sobald Bischof Gerhard ihnen erzählte, dass zur Zeit Gregors des Großen das geweihte Brot vor einer zweifelnden Frau eingenommen worden sei , die Form des blutenden Fingers Christi. Ein frommer Einsiedler, der von denselben Zweifeln geplagt wurde , gewann seinen Glauben zurück, als er bei der Kommunion sah, wie ein Engel das Messer auf ein Jesuskind richtete, genau in dem Moment, als der Priester das Brot brach. In den Legenden und Chroniken gibt es viel über Juden, die sich heimlich die Hostie beschafften und, um sich an Christus zu rächen, sie dann mit einem Messer durchbohrten und sahen, wie das Blut in Hülle und Fülle herausfloss; Manchmal offenbarte sich tatsächlich plötzlich ein wunderschöner, blutender Junge. Die freie Verbreitung solcher Geschichten führte zu schweren Verfolgungen (wie in Namur, 1320). [19]

Wenn die Eucharistie eine Nahrungsaufnahme ist, die den Gläubigen in seinem Kampf gegen die Sünde stärkt, ist das Kreuzzeichen als sein Schwert und das heilige Amulett als seine Rüstung zu betrachten. Das Kreuz ist das Zeichen, in dem der Christ siegen wird. [" *In hoc signo Vinces* . „] Damit muss er jede Handlung beginnen; damit wehrt er jeden Angriff der Dämonen ab. „Wer davon überzeugt werden will", sagt der heilige Athanasius, „muss nur das Kreuzzeichen machen, das den Heiden so lächerlich geworden ist, vor den spöttischen Wahnvorstellungen der Dämonen, den Täuschungen der Orakel usw." die Magier; und sofort wird er sehen, wie der Teufel flieht, die Orakel verwirrt und alle Magie und Zauberei gerächt wird." Die von der Kirche verwendeten Amulette sind vielfältig: Medaillen mit dem Bildnis Mariens, geweihte Bilder, insbesondere die sogenannten Lämmer Gottes [20] (agnus Dei), deren Herstellung und Verkauf eine päpstliche Bulle von 1471 für den Kopf vorsieht der römischen Kirche. Wenn diese dem Klerus immense Geldsummen einbringen, besitzen sie auch große Macht. Sie schützen vor Gefahren durch Feuer oder Wasser, vor Sturm und Hagel, vor Krankheit und Hexerei. [21] Neben den Amuletten sind auch die sogenannten Empfängnisscheine von vielfältigem Nutzen, die die Karmelitermönche für einen geringen Betrag verkaufen. Diese Knüppel bestehen aus geweihtem Papier und heilen, wenn sie verschluckt werden, natürliche und übernatürliche Krankheiten; in eine Wiege gelegt, schützt das Kind vor Hexerei; In einer Ecke eines Feldes vergraben, schützen Sie es vor schlechtem Wetter und zerstörerischen Insekten. Empfängnisbarren werden unter die Schwellen von Häusern und Scheunen gelegt, an Bierfässern und Butterdosen befestigt, um Zauberei zu verhindern. Sie werden von den Mönchen nach einer authentischen Formel angefertigt, die aufgrund ihrer Charakteristik und vergleichsweise kurzen Erwähnung eine Erwähnung verdient:

**„Ich beschwöre dich, Papier (oder Pergament), du, der du den Bedürfnissen der Menschheit dienst , diene als Aufbewahrungsort der wunderbaren Taten und heiligen Gesetze Gottes, wie auch nach göttlichem Befehl der Ehevertrag zwischen Tobias und Sarah auf dich geschrieben wurde, der In den heiligen Schriften heißt es: Sie nahmen ein Papier und unterschrieben ihren Ehevertrag. Durch dich, oh Papier, wurde auch der Teufel vom Engel besiegt. Ich beschwöre dich bei Gott, dem Herrn des Universums (Zeichen des Kreuzes!), dem Sohn (Zeichen des Kreuzes!) und dem Heiligen Geist (Zeichen des Kreuzes!), der die Himmel wie ein Pergament ausbreitet was er mit göttlichen Charakteren als seine Herrlichkeit beschreibt. Segne (Kreuzzeichen!), O Gott, heilige (Kreuzzeichen!) dieses Papier, damit es das Werk des Teufels vereitelt!**

**„Wer dieses mit heiligen Worten geschriebene Papier bei sich trägt oder es an einem Haus anbringt, wird durch den, der kommt, um die Lebenden und Toten zu richten, von den Heimsuchungen Satans befreit.“**

**"Lass uns beten.**

**„Mächtiger und unwiderstehlicher Gott, der Gott der Rache, Gott unserer Väter, der du durch Mose und die Propheten die Bücher deines alten Bundes und viele Geheimnisse deiner Güte offenbart hast und dafür gesorgt hast, dass das Evangelium deines Sohnes von ihm geschrieben wurde.“ Evangelisten und Apostel, segne (Kreuzzeichen!) und heilige (Kreuzzeichen!) dieses Papier, damit deine Barmherzigkeit jedem kundgetan werde, der diese heilige Sache und diese heiligen Briefe bei sich trägt; und dass alle Verfolgungen gegen ihn durch den Teufel und durch die Stürme der satanischen Hexerei durch Christus, unseren Herrn, vereitelt werden. Amen.**

**„(Das Papier soll mit Weihwasser besprengt werden.)“**

Mit den Amuletten und diesen Empfängnisscheinen gehören auch die wundertätigen Reliquien und Heiligenbilder in die Waffenkammer der

Kirche. Gott hat in seiner Gnade angeordnet, dass die Kirche ihren Kampf gegen die Mächte der Sünde nicht aus Mangel an Waffen aufgeben soll. Seine Angriffs- und Verteidigungsinstrumente sind vielfältig. Seine Krieger, die Priester, sind wie Ritter, die von Kopf bis Fuß in Ketten gehüllt und mit Lanze, Schwert, Dolch und Morgenstern bewaffnet sind. Fast jeder Bezirk hat seinen Schatz an Reliquien, die, in Schreinen aufbewahrt und bei feierlichen Anlässen dem frommen Volk zur Schau gestellt, ihr Palladium bilden, den Angriff feindlicher Kräfte verhindern oder verhindern und die Verwüstungen von Seuchen lindern oder abwenden. Nicht nur körperliche Relikte von Heiligen und Märtyrern, sondern auch alles, was sie im Laufe ihres Lebens berührt haben, ja selbst die Tautropfen auf ihren Gräbern sind für die Unholde ein Schrecken und für die Gläubigen ein Mittel zur geistigen und körperlichen Stärke . Die wundersamen Eigenschaften der Bilder werden in hundert Legenden erzählt. Durch die direkte Wirkung göttlicher Macht besteht zwischen ihnen und den Personen, die sie repräsentieren, ununterbrochen eine mystische Beziehung. Hierauf wirft der heilige Hieronymus etwas Licht, als er gegen Vigilantius , der sich blind gegen die Bilderverehrung ausgesprochen hatte, ausruft: „Ihr wagt es, Gott Gesetze vorzuschreiben! Sie maßen sich an, die Apostel in Ketten zu legen, so dass sie bis zum Tag des Gerichts in ihrem Gefängnis festgehalten werden und ihnen das Privileg verwehrt wird, bei ihrem Herrn zu sein, obwohl geschrieben steht, dass sie bei Ihm sein sollen, wohin sie auch gehen! Wenn das Lamm allgegenwärtig ist, müssen wir glauben, dass auch diejenigen, die mit dem Lamm sind, allgegenwärtig sind. Wenn die Teufel und Dämonen durch die Welt streifen und durch ihre unvorstellbare Schnelligkeit überall präsent sind, sollten dann die Märtyrer, nachdem sie ihr Blut vergossen haben, in ihren Särgen eingesperrt bleiben und sie niemals verlassen können!"

So wie Alter und Tod Folgen des Sündenfalls Adams sind, so sind auch fast alle Krankheiten, die dadurch entstehen, dass die Macht über die körperliche Natur des Menschen Satan überlassen wurde, als Gott seinen Fluch über die Menschheit verkündete, der Fall. Ebenso werden die verbleibenden Krankheiten und Gebrechen des Menschen, die zu Recht oder zu Unrecht als natürlich bezeichnet werden, mit größter Sicherheit durch die Anrufung der Hilfe Gottes geheilt. Daher ist der Mittler zwischen Gott und den Menschen, die Kirche, durch ihre Diener der einzig sichere und einzig legitime Arzt. [" *Betrieb Sanandi est in ecclesia per verba , ritus , exorcismos , aquam , salem , herbas , idque nedum contra diabolos et effectus Magicos , Sed und Morbos All.* "] Der Priester vollzieht Heilungen im Namen der Kirche und im Namen Gottes durch Gebete, Handauflegung, Exorzismus, Reliquien und geweihte Naturheilmittel, insbesondere Wasser, Salz und Öl. Dabei fungiert er als sichtbarer Stellvertreter eines unsichtbaren höheren Arztes, des Heiligen, der von Gott zum Heiler der Krankheit ernannt wurde. Denn jedes Leiden hat seinen Arzt unter den Heiligen. Der heilige Valentin heilt Epilepsie, der heilige Gervasius rheumatische Schmerzen, der heilige Michael de Sanatis Krebs und Tumore, der heilige Judas Husten, der heilige Ovidius Taubheit, der heilige Sebastian ansteckende Fieber und giftige Bisse, der heilige Apollonia Zahnschmerzen, der heilige Clara und der heilige St . Lucia Rheum in den Augen und so weiter. Die Legenden erzählen von der wunderbaren Wirkung der Heilkräfte des Heiligen Damianus , des Heiligen Patrick und des Heiligen Hubert. Die schreckliche Krankheit der Hydrophobie wurde von Letzterem geheilt. In den nach diesem Heiligen benannten Klöstern in Luxemburg wurde die Hydrophobie viele Jahre nach seinem Tod geheilt, indem man den Betroffenen während des Gottesdienstes in die Kirche brachte und ein Haar aus dem Mantel des Heiligen in einen kleinen Einschnitt drückte, der zu diesem Anlass in seinem Mantel angebracht worden war Stirn. Zu Gunsten derjenigen, die fernab des Klosters wohnten, wurden die sogenannten „Hubertusbänder" und „Hubertusschlüssel" geweiht; Diese wurden weißglühend erhitzt auf die Wunde aufgetragen. [22] Ähnliche Heilmittel könnten zu Hunderten erwähnt werden.

Unter allen Leiden nimmt die Besessenheit von Teufeln den bemerkenswertesten Platz in den Annalen der Kirche ein und erforderte offenbar die mächtigsten Exorzismen, um sie zu heilen. Die kirchliche Pathologie besagt, dass sich der Teufel bei dieser Krankheit nicht verbirgt, während er bei allen anderen Krankheiten verborgen bleibt. Der Exorzist, der den Feind vertreiben soll, erscheint im vollen Priestergewand; Weihrauch und geweihte Wachskerzen werden angezündet, alle den Dämonen umgebenden Gegenstände werden mit Weihwasser besprengt, die Luft wird durch die Aussprache bestimmter Formeln gereinigt; Dann folgen inbrünstige Gebete und schließlich der verzweifelte und schreckliche Kampf zwischen dem Dämon, der nun krampfhaft die Gliedmaßen seines Opfers verzerrt und mit seinen Lippen die grausamsten Lästerungen ausstößt, und dem Priester, der immer mächtigere Beschwörungen anwendet, bis der Sieg schließlich ihm gehört .

Die säkulare medizinische Kunst – die sich auf natürliche Mittel verlässt – muss als entweder überflüssig oder stark von Ketzerei behaftet verachtet werden. Eine Präparation zur Untersuchung der Struktur des menschlichen Körpers ist eine Mutmaßung; Es kann sogar mit gutem Grund gefragt werden, ob darin nicht eine Missachtung der Lehre von der endgültigen Auferstehung argumentiert wird. Die weltliche Heilkunst war daher lange Zeit den ungläubigen Juden vorbehalten. Doch als Fürsten und Wohlhabende, die die Unzulänglichkeit des Wortes, der Reliquien und der geweihten Heilmittel nur schwach erkannten, begannen, Ärzte zu beschäftigen, wurde die profane Kunst der Medizin zu einem lukrativen Beruf, und unter königlichem Schutz wurden Schulen zu ihrer Pflege gegründet. Dies ist das von Salerno, das die Wächter von Zion nicht ohne Argwohn betrachten können. Es ist eine Schule, die pedantische Ernährungsregeln vorschreibt, als ob die Ernährung vor den Angriffen des Teufels schützen könnte! Der griechische Heide Hippokrates, der lange Zeit mit Juden und Arabern umherwanderte, findet so endlich eine feste Bleibe in seinen Mauern, – Hippokrates, der vom Dämonismus ( *morbus sacer* ) *selbst* behaupten musste , dass er „kein göttlicher ist". höllischer als jede andere Krankheit!" Was müssen die Jünger sein, wenn der Lehrer ein solcher ist? Die Kirche wird die Ausübung der Medizin nicht absolut verbieten, da sie bei äußerer Verletzung oder in Zeiten der Pest von Nutzen sein kann; aber sie muss streng auf die Orthodoxie derjenigen achten, die diese Kunst pflegen. Auf mehreren Konzilen (wie in Reims im Jahr 1131, dem zweiten Lateran im Jahr 1139 und in Tours im Jahr 1163) hat sie ihren Dienern strikt verboten, mit diesem verdächtigen Beruf zu tun zu haben. Die Erfahrung hat jedoch gelehrt, die damit verbundenen Gefahren nicht zu überschätzen. Die weltlichen Ärzte müssen häufig zugeben, dass diese oder jene Krankheit durch Hexerei verursacht wird und daher übernatürlichen Ursprungs ist. Verleumder könnten behaupten, eine solche Erklärung sei bequemer als eine Untersuchung der Krankheitsursachen auf natürlichem Weg und weniger unangenehm als das Eingeständnis der eigenen Unwissenheit. Aber wie dem auch sei: Das Zugeständnis impliziert eine Anerkennung des Übernatürlichen der Kirche und ist daher eher zu empfehlen als zu tadeln.

„Es ist", sagt Thomas von Aquin, „ein Dogma des Glaubens, dass die Dämonen Wind, Stürme und Feuerregen vom Himmel erzeugen können." Die Atmosphäre ist ein Schlachtfeld zwischen Engeln und Teufeln. Letztere bewirken die ständige Schädigung des Menschen, erstere seine Besserung; und die Folge ist die Unbeständigkeit des Wetters, die die Hoffnungen der Landwirtschaft zunichtezumachen droht. Und wenn Luzifer in der Lage ist, sogar Menschen – Zauberern und Zauberern – die Macht zu verleihen, die Felder, Weinberge und Behausungen der Menschen durch Regen, Hagel und Blitze zu zerstören, ist es dann fraglich, ob die Kirche, die der Schutz des Menschen ist, dies tut? gegen den Teufel, und dessen besondere Berufung es ist, ihn zu bekämpfen, sollte in dieser Sphäre auch sein Gegengewicht sein und sollte aus dem Schatz seiner göttlichen Macht Mittel suchen, die geeignet sind, seine atmosphärischen Unfug zu vereiteln? Zu diesen Mitteln gehören die Kirchenglocken, sofern sie ordnungsgemäß geweiht und getauft wurden. Die aufstrebenden Türme, um die sich die niedrigen Behausungen der Menschen gruppieren , sind, wenn die Glocken darin läuten, mit der Henne zu vergleichen, die ihre schützenden Flügel über ihre Hühner ausbreitet; denn die Töne des geweihten Metalls vertreiben die Dämonen und wenden Sturm und Blitz ab" („ *Vivos Voco* , *Mortuos plango* , SULPHURA FRANGO ", eine häufige Inschrift auf Kirchenglocken). Ackerbauern, die für ihre Ernte besonderen Schutz von der Kirche wünschen, zahlen den Zehnten als Segen.

Bei längerer Dürre erbitten die Priester Fürbitten und eröffnen Regenprozessionen, bei denen Bilder der Jungfrau auf die Felder getragen werden, die mit Weihwasser besprengt werden, während das Wetterfest gesungen wird. [23] Wenn die Felder von schädlichen Insekten heimgesucht werden, hat die Kirche auch Heilmittel gegen sie. Es befiehlt ihnen im Namen Gottes zu gehen, und wenn sie nicht gehorchen, wird ein ordentliches Verfahren gegen sie eingeleitet, das mit ihrer exemplarischen Bestrafung endet; denn sie werden von der Kirche exkommuniziert. Auf solche Prozesse wurde im Mittelalter sehr häufig zurückgegriffen, und einige solcher Beispiele werden angeführt.

Im Jahr 1474 verübte der Maikäfer große Raubzüge in der Umgebung von Bern. Als die Behörden der Stadt den Bischof von Lausanne, Benoît de Montferrand , um Hilfe gegen diese Geißel gebeten hatten, beschloss er, einen Exkommunikationsbrief auszustellen, der von einem Priester auf dem Berner Kirchhof feierlich verlesen wurde. „Du unvernünftiges, unvollkommenes Geschöpf, du vielleicht", so begann der Brief, „du, dessen Art nie in Noahs Arche eingeschlossen war! Im Namen meines gnädigen Herrn, des Bischofs von Lausanne, durch die Macht der verherrlichten Dreifaltigkeit durch die Verdienste Jesu Christi und durch den Gehorsam, den ihr der Heiligen Kirche schuldet, befehle ich euch allen gemeinsam und jedem Einzelnen insbesondere alle Orte zu verlassen, wo Nahrung für Menschen und Vieh keimt und wächst." Der Brief endet mit einer Aufforderung an die Insekten, sich am sechsten Tag danach, wenn sie nicht bis dahin verschwinden, um ein Uhr nachmittags in Wivelsburg zu melden UND die Verantwortung vor dem Gericht des gnädigen Herrn zu übernehmen von Lausanne. Dieser Brief wurde ebenfalls von der Kanzel aus gelesen, während die Gemeinde kniend „drei Paternoster und drei Ave Maria" wiederholte. Im Vorfeld wurden Vorkehrungen für ein Gerichtsverfahren unter strenger Berücksichtigung aller Berufsformen getroffen. Dazu gehörte natürlich auch, dass der Angeklagte einen Anwalt haben sollte. Doch als in Bern kein Anwalt bereit war, im Namen der Insekten zu erscheinen, fasste der Bischof den Plan, den Schatten eines berüchtigten Anwalts namens Perrodet, der einige Jahre zuvor gestorben war, aus der Hölle zu beschwören und ihn anzuweisen, sich für die Sache einzusetzen der Maikäfer mit der gleichen Sorgfalt, die er in seinem Leben so oft bei der Verteidigung abscheulicher Klienten an den Tag gelegt hatte. Doch trotz zahlreicher Vorladungen ließen sich weder Perrodet noch seine Mandanten herab, zu erscheinen. Nach Ablauf der für den Beginn der Verteidigung festgesetzten Frist und nachdem gewisse Zweifel an der ordnungsgemäßen Verfahrensform ausgeräumt waren, verkündete das bischöfliche Gericht schließlich sein Urteil, das in der Exkommunikation im Namen der Heiligen Dreifaltigkeit bestand: „Dir, Verfluchter." Schädlinge, die als Maikäfer bezeichnet werden und nicht einmal zu den Tieren gezählt werden können." Die Regierung befahl den Behörden des betroffenen Bezirks, über die positiven Auswirkungen der Exkommunikation zu berichten; „Aber", beklagt sich ein Chronist aus dieser Zeit, „wurde wegen unserer Sünden keine Wirkung beobachtet."

Da angenommen wurde, dass jede Missachtung der Rechtsformen einem Urteil sowohl seine magische als auch seine rechtliche Kraft raubte, wurde bei der Durchführung dieser häufig wiederkehrenden Prozesse äußerste Sorgfalt gegen Maikäfer, Heuschrecken, Kohlwürmer, Feldratten usw. angewendet anderes schädliches Ungeziefer. Es ist noch ein detailliertes und aufschlussreiches Dokument des gelehrten Bartholomeus Chassanæus (geb. 1480) erhalten, in dem die Frage sorgfältig erörtert wird, ob und wie gegen solche Schädlinge vor Gericht vorgegangen werden sollte: ob sie persönlich oder durch einen Stellvertreter erscheinen sollten; ob sie einem geistlichen oder einem weltlichen Gericht unterworfen sind und ob die Strafe der Exkommunikation gegen sie verhängt werden kann. Er beweist aus vielen Gründen, dass die Gerichtsbarkeit, der sie unterworfen sind, die geistliche ist und dass sie zu Recht exkommuniziert werden können. Dennoch blieb die Frage der Gerichtsbarkeit ungeklärt, und ein Zivilprozess gegen die Feldratten in Tirol aus den Jahren 1519–20 beweist unter anderem, dass ein weltliches Gericht sich manchmal für berechtigt hielt, über solche Klagen zu entscheiden. Der Bauer Simon Fliss trat vor Wilhelm von Haßlingen , Richter in Glurns und Mals (Ober-In-Tal), als Kläger gegen die Feldratten auf, die in seiner Pfarrei große Verwüstungen verübten. Das Gericht ernannte daraufhin den Glurnser Bürger Hans Grinebner zum Anwalt des Angeklagten und erteilte ihm vor Zeugen die erforderliche Provision. Daraufhin wählte der Kläger Schwarz Minig als seinen Anwalt und erwirkte vom Schiedsgericht auf Verlangen ebenfalls einen Vollmachtsbeschluss für ihn. Am Verhandlungstag, dem Mittwoch nach dem Philippus- und Jakobustag, wurden viele Zeugen vernommen und festgestellt, dass die Ratten große Zerstörungen angerichtet hatten. Schwarz Minig plädierte dann abschließend dafür, dass die schädlichen Tiere aufgefordert werden sollten, sich von ihrem Unheil fernzuhalten, da die Leute von Stilf sonst nicht den jährlichen Zehnten an ihren hohen Gönner zahlen könnten. Grinebner , Verteidiger der Verteidigung , konnte und wollte keine Einwände gegen die Aussage machen, sondern versuchte, das Gericht davon zu überzeugen, dass seine Mandanten „ein gewisses Nießbrauchsrecht hatten, das ihnen kaum verweigert werden konnte". Sollte das Gericht einer anderen Meinung sein und es für das Beste halten, sie auszuschließen, hoffte er dennoch, dass ihnen zunächst ein anderer Ort gewährt würde, an dem sie ihren Lebensunterhalt bestreiten könnten. Außerdem sollte ihnen bei ihrer Abreise eine ausreichende Eskorte gegeben werden, um sie vor ihren Feinden, seien es Katzen, Hunde oder andere Widersacher, zu schützen; und er hoffte auch, dass, falls eine der Ratten schwanger wäre, ihnen Zeit gegeben würde, sie zur

Welt zu bringen und sie anschließend sicher mit ihren Nachkommen zu verlassen. Die Entscheidung wurde wie folgt gefällt: „Nach Anklage und Verteidigung , nach Aussage und Widerspruch und nach gebührender Berücksichtigung aller mit der Gerechtigkeit zusammenhängenden Aspekte wird durch dieses Urteil festgelegt, dass die schädlichen Tiere, die Feldratten genannt werden, innerhalb der Gemeinschaft bleiben dürfen." Zwei Wochen nach der Verkündung dieses Urteils werde ich abreisen und mich für immer weit von den Feldern und Wiesen von Stilf fernhalten . Wenn aber eines oder mehrere der Tiere trächtig sind oder aufgrund ihrer Jugend nicht folgen können, sollen sie während weiterer zwei Wochen Sicherheit und Schutz vor allen Körpern genießen und nach diesen zwei Wochen abreisen."

Wir können uns einen Eindruck von der ungeheuren Kraft des Gebets und des Exorzismus machen, wenn wir bedenken, dass der Einfluss des Willens und der im Wort ausgedrückten Idee in ihnen mit der Kraft des Wortes selbst als bloßer Form zusammenwirkt. Für das materielle Wort, den vom Ohr aufgenommenen Klang, übt die Formel als solche eine magische Wirkung aus, ohne dass man ihre Bedeutung kennt. Der Masse des Volkes mit ihrer Unkenntnis der offiziellen Sprache der Kirche und der Gelehrsamkeit würde es schlecht gehen, wenn diese „Paternoster" und „Ave Marias", die man sich eingeprägt hat, ohne sie zu verstehen, geistig wirkungslos wären – wenn das Latein Der Messe, der die Gemeinde zuhört, sollte es an erbaulicher und heiligender Kraft mangeln, weil sie nicht verstanden wird. Aus diesem Grund sind die von der Kirche zu verschiedenen Zeiten und zu unterschiedlichen Zwecken aufgestellten Formeln von großer Bedeutung und müssen gewissenhaft befolgt werden. [24] Ein einziger Beweis ihrer außergewöhnlichen Macht kann hier angeführt werden. Im Jahr 1532 brachte der Teufel einen riesigen Kometen in den Himmel, der Erde und Menschen mit Dürre und Pest bedrohte; aber der Papst verbannte feierlich das bedrohliche Omen – und siehe! In kurzer Zeit verschwand es, da es durch die Macht des päpstlichen Anathemas von Tag zu Tag schwächer wurde. Was ein heiliges Wort allein durch seinen Klang (*flatus vocis*) vermögen kann, zeigt die Legende vom zahmen Star, der aus den Klauen des Habichts gerade in dem Augenblick gerettet wurde, in dem sein Todeskampf ihm die Worte entrissen hatte es hatte gelernt, „Ave Maria" zu wiederholen.

Auf der Kraft des Wortes als Grundlage beruht der päpstliche Brauch, Brot, Wein, Öl, Salz, Kerzen, Wasser, Glocken, Felder, Wiesen, Häuser, Standarten und Waffen zu weihen. „Mit solchem Missbrauch, solchem Aberglauben und solchen teuflischen Künsten war die Priesterschaft während der päpstlichen Herrschaft erfüllt" – so klagt ein alter protestantischer Theologe, der ein Auge auf den Überschuss an Magie hatte, den die katholische Kirche über den der lutherischen hinaus besaß, der aber war blind für das Gemeinwohl –" und deshalb sind solche Dinge auch unter einfachen Leuten in Mode. Was war das Wichtigste in der Messe, wenn nicht die wundertätigen Worte des Segens, als der Priester die vier Worte oder die sechs Silben „ *Hoc est corpus meum* " (das ist mein Körper) über dem Brot aussprach, darauf hauchte und dreimal das Kreuzzeichen darüber gemacht und so getan, als sei das Brot dadurch in das Fleisch Christi verwandelt worden? Auf die gleiche Weise verwandelte er den Wein im Kelch in das Blut Christi, obwohl Silben und Worten keine solche Macht zukommt. Er band den Heiligen Geist in das Wasser, das Salz, das Öl, die Kerzen, die Gewürze, den Stein, das Holz oder die Erde, als er Kirchen, Altäre, Kirchhöfe weihte, als er das Fleisch, die Eier und dergleichen segnete, und als er am Osterabend das Feuer weihte, damit es keinen Schaden anrichten sollte (obwohl ich, Gott schütze mich, herausgefunden habe, dass unser Dorf vier Tage nach dieser Weihe völlig vernichtet war), als er Glocken taufte und weihte, damit ihr Läuten sie vertreiben könne böse Einflüsse, stille Stürme und dergleichen."

Die Organisation von Klöstern ist als Verteidigungssystem der Kirche zu betrachten, das das von ihr eroberte Territorium vor dem Teufel bewacht und schützt. So wie der Mongole bei seinem Einbruch in Europa unzählige Steilhänge vorfand, die mit stark befestigten Burgen gekrönt waren, deren bloße Zahl jeden Belagerungsversuch abschreckte, so finden Satan und seine Heerscharen die christliche Welt übersät mit spirituellen Festungen, von denen jede ein Arsenal voller Waffen enthält mit mächtigen Waffen für den Angriffs- und Verteidigungskrieg. Jedes Kloster hat seinen Meistermagier, der *Agni Dei*, Empfängnisknüppel, magischen Weihrauch, Salz und Kerzen, die am Lichtmesstag geweiht wurden, Palmen, die am Palmsonntag geweiht wurden, mit Weihwasser besprengte Blumen am Himmelfahrtstag und viele andere dazugehörige Geräte verkauft zum großen magischen Apparat der Kirche.

Da diese geweihte Technik so vielfältig und vollständig ist, hätte man erwarten können, dass die Menschen damit zufrieden sein würden und keine weiteren Hilfsmittel als die ständig zur Verfügung stehenden suchen. Aber leider! die Magie eines Volkes höllischen Ursprungs ist weit verbreitet und grassiert neben der heiligen Magie der Kirche; und dadurch verführt Satan die Sorglosen, Neugierigen und Unentschlossenen. Sogar viele Priester sind davon befallen. Der heilige Bonifatius und viele Päpste und mönchische Chronisten nach ihm beklagen bitterlich, dass die niederen Geistlichen Liebestränke herstellen und Wahrsagekünste praktizieren und sogar die heiligen Utensilien der Kirche als Gastgeber nutzen, um die Wirksamkeit ihrer teuflischen Zauber zu verstärken.

Da die Kirche versucht, alle Lebensverhältnisse mit sich selbst in Einklang zu bringen, folgt daraus natürlich, dass sie auch der menschlichen Rechtsprechung ihren Stempel aufdrückt. Die Prüfungen, denen einige der Nationen, die es bekehrt hat, ausgesetzt waren, passen genau zu seinem

System. Sie empfängt sie folglich als auf einer richtigen Idee beruhend, [25] macht sie zu dem, was sie vorher nicht waren, zu einer allgemeinen Praxis, und gibt detaillierte Regeln für die Gesänge, Gebete, Beschwörungen und Messen, mit denen sie begleitet werden sollten. Wenn eine angeklagte oder verdächtige Person beispielsweise der Wasserprobe unterzogen werden soll, muss der Priester sie zur Kirche führen und sie knien lassen, um drei Formeln auszusprechen, in denen Gott um Schutz gebeten wird. Anschließend folgt die Messe und die heilige Kommunion. Als der Angeklagte die Hostie erhält , sagt der Priester: „Sei dieses Fleisch unseres Herrn heute deine Prüfung." Dann begibt sich die Menge der Zeugen in feierlicher Prozession zum Ort, an dem die Verhandlung stattfinden soll. Der Priester beschwört das Wasser, vertreibt die diesem Element gemeinsamen Dämonen und befiehlt ihm, ein gehorsames Werkzeug Gottes zu sein, um Unschuld oder Verbrechen aufzudecken. Der Angeklagte ist in saubere Gewänder gekleidet, küsst das Kreuz und das Evangelium, betet ein Paternoster und macht das Kreuzzeichen. Dann wird (bei der Prüfung mit heißem Wasser) seine Hand in einen kochenden Kessel gehalten oder er wird mit gefesselten Händen und einem Seil um die Hüfte in einen Fluss geworfen. Wenn er es nicht tut, ist seine Schuld bewiesen. Die Feuerprobe besteht darin, über glühende Kohlen zu gehen, glühendes Eisen zu tragen oder in einem mit Wachs getränkten Hemd durch Flammen geschleift zu werden. Durch die Feuerprobe wird manchmal auch die Echtheit von Reliquien geprüft. Als im JAHR 1010 n. Chr. einige aus Jerusalem zurückgekehrte Mönche das Handtuch zeigten, mit dem die Jünger die Füße Christi abgewischt hatten, wurden einige Zweifel an seiner Echtheit geweckt, die jedoch durch diesen Test alle beseitigt wurden. Eine der häufigsten aller Prüfungen ist das Duell.

Gott, von den Dienern der Kirche angerufen, hält seine schützende Hand über die Unschuld. Jeder Zweifel an dieser Wahrheit zeugt von Kleinmut, der an Atheismus grenzt. Dieser Gedanke liegt nicht nur den verschiedenen Arten von Prüfungen zugrunde, sondern auch der Folter, die, unter der Schirmherrschaft der Kirche ständig ausgedehnt und verschärft, eine Form des Prozesses war, die dem Richter viel Arbeit ersparte und zum Ziel führte sicherer als die Zusammenstellung von Zeugenaussagen, die nicht nur mühsam sind, sondern kaum jemals vollständige Gewissheit bringen. Schadrach, Meschach und Abed-Nego empfanden im Feuerofen keinen Schmerz. Gott gibt der Unschuld auf der Folter, wenn schon nicht die Unempfindlichkeit gegenüber dem Schmerz, so doch die Kraft, ihn zu ertragen. Aber selbst der Erzfeind kann seine Untertanen bis zu einem gewissen Grad beschützen. Im Falle von Ketzern und Hexen ist es daher notwendig, auf die schwerste Folter zurückzugreifen; die Schmerzquellen in den menschlichen Nerven unter der Hand geschickter Peiniger sozusagen bis zum letzten Tropfen zu erschöpfen. Wenn also die Folterinstrumente vorher vom Priester beschworen und geweiht werden und er an der Seite des

Angeklagten steht und bereit ist, die teuflischen Milderungsformeln, die der Leidende zweifellos innerlich murmelt, mit ständiger Frage zu unterbrechen, dann kann ein offenes und zuverlässiges Geständnis erfolgen vernünftigerweise erwartet werden, trotz aller gegenteiligen Bemühungen des Teufels. Im „Hexenhammer" (Malleus Malificarum ) feiert der kirchlich-magische Gerechtigkeitsplan seinen Triumph. Dieses vom Papst genehmigte Werk enthält vollständige Anweisungen für den Richter, der bei Hexenprozessen den Vorsitz führt. Tatsächlich handelt es sich um einen Hammer, der alles, worauf er fällt, zermalmt. Der Richter, der diese Anweisungen sorgfältig befolgt, kann zuversichtlich sein, dass Satan selbst niemanden retten kann , der angeklagt wird; Nur Gott und seine heiligen Engel können ihn durch ein Wunder vor dem Tod in den Flammen retten. [26]

Wer ein Justizsystem, das ständig auf die Fürsprache Gottes beruft, von fragwürdigem Wert findet, mag die Geschichte der Kirche und die Erfahrungen ihrer Heiligen und Diener als eine Abfolge göttlicher Wunder betrachten. Gott scheut sich nicht vor seinen Wundern, wenn sie erkannt werden, und die Diener der Kirche sind im Besitz der apostolischen Macht und des Auftrages, sie zu vollbringen.

Eine andere Frage ist, wie sind die göttlichen Wunder von den höllischen zu unterscheiden? Alle Versuche der schärfsten Scholastiker, eine Regel der eindeutigen Trennung dieser beiden Arten von Wundern aufzustellen, sind gescheitert. Sie werden in identischer Form offenbart, und selbst die moralischen Wahrnehmungen können keinen Unterschied erkennen, da Satan in der Lage ist, sich in einen Engel des Lichts zu verwandeln. Auch in dieser Hinsicht muss die Vernunft ihre Unfähigkeit anerkennen und sich darauf verlassen, dass der Heilige Geist stets in der Kirche und insbesondere in ihrem Haupt wirkt. Die Kraft der göttlichen Wahrheit und Inspiration, die am Pfingsttag auf die Apostel ausgegossen wurde, wurde wie ein magnetischer Strom von Petrus, dem ersten Bischof von Rom, durch Handauflegung an seine Nachfolger übertragen und ist in a ein bestimmtes Maß, das jedem Mitglied der geistlichen Hierarchie durch das Sakrament der Weihe verliehen wird.

---

Der oben dargelegte Überblick über die Magie der Kirche sollte vielleicht vervollständigt werden, und zwar nicht dadurch, dass wir den mühsamen Weg beschreiten, der uns durch die fortgesetzte Beschreibung kirchlicher Bräuche und Meinungen bevorsteht, sondern indem wir einfach die allgemeine Wahrheit formulieren: Jedes Symbol , *Jedes äußere Zeichen, dem eine eigenständige Heiligungskraft und ein unmittelbarer moralischer Einfluss zugeschrieben wird, ist Magie.* Möge der protestantische Leser, für den wir hier schreiben, anhand dieser Maxime untersuchen, inwieweit die Reformation, die darauf abzielt, der inneren Autorität – der Vernunft und dem freien Willen des Einzelnen – ihre Rechte zurückzugeben, ihre Aufgabe erfüllt hat. Luther und Calvin griffen viele magische Bräuche an und schnitten viele Zweige vom Baum des Dualismus ab, ließen aber dennoch zu, dass sein kräftiger Stamm unversehrt blieb. Aber ein dualistisches Religionssystem muss aufgrund der unvernünftigen kosmischen Theorie, auf der es beruht, früher oder später erneut die innere Autorität angreifen und sich zur alleinigen und absoluten äußeren Autorität machen. Es muss notwendigerweise zu einem Statuenfetischismus verkommen oder vor einer vollständigen einheitlichen Reformation scheitern. Unsere Tage sind Zeugen des Konflikts zwischen diesen gegensätzlichen Vorstellungen. Auf der einen Seite schwebt der Glaube an einen persönlichen spirituellen Gegner der Menschheit, der den Massen von tausend Kanzeln gepredigt wird, wie ein Damoklesschwert über dem Haupt der Zivilisation; Auf der anderen Seite verbreiten Philosophie und Naturwissenschaft in einem sich ständig erweiternden Kreis eine rationale und einheitliche Theorie des Universums und der menschlichen Existenz. Demjenigen, der an diesem überaus wichtigen Kampf teilnehmen möchte, möchten wir diese Worte des edlen Bunsen empfehlen: [27] „Wo in der Religion, im Staat oder in der Zivilisation, in der Kunst oder Wissenschaft das Innere intensiver entwickelt wird, und das Geistige, das ernsthaft angestrebt wird, sei es mit mehr oder weniger Umgestaltung des Bestehenden, der Fortschritt steht bevor; denn vom Inneren kommt das Leben nach außen, vom Zentrum zum Umfang. Es gibt auch den Weg, der zum Leben führt. Dort eröffnen sich der Seele neue Wege, und das Genie hebt mit göttlicher Gewissheit seine Flügel. Wenn dies wahr ist, muss das Gegenteil dort geschehen, wo das äußere Leben immer höher erhaben wird, wo das Zeichen immer mehr das Wesen, das Symbol und das äußere Werk, den inneren Akt und das Gewissen verdrängt, wo das Oberflächliche für den Inhalt gehalten wird , die äußere Monotonie für die Einheitlichkeit des Lebens und der Schein für die Wahrheit. Dort wartet eine glücklose Zukunft, wie auch immer die Gegenwart aussehen mag.“

# III.
## Die Magie des Gelehrten.

Wir befinden uns in einem düsteren Labyrinth aus engen, verwinkelten Gassen, die hin und wieder in einen freien Platz vor einem Zunfthaus oder einer Kirche münden. Die Objekte, die unserem Blick in dieser seltsamen Stadt begegnen, laden weder zum Innehalten noch zum Nachdenken ein; denn wir haben im Wesentlichen die gleiche Art von Häusern und Menschlichkeit in vielen anderen Städten gesehen, durch die wir auf unserer Suche nach dem Stein der Weisheit gewandert sind. Wir setzen also unseren Weg fort. In der Nachbarschaft sollen sich die Gebäude der Universität befinden, und wir biegen um die Ecke nach rechts und dann wieder nach links, bis wir darauf stoßen. Die Vorlesungsstunde naht. Professoren, in steife Mäntel gehüllt und die Scholastikermütze auf der äußerst weisen Stirn tragend, bahnen sich ihren Weg zu den Tempeln des Wissens, an deren Portalen Scharen von Studenten warten. Wir erkennen ihre verschiedenen und vertrauten Typen: das frisch immatrikulierte Aussehen wie immer, ihre Wangen, die immer noch den Glanz früher Jugend bewahren, ihre Herzen, die immer noch demütig sind, vielleicht immer noch gefangen von der süßen Täuschung, dass die Wände, an denen sie warten, die Propyläen sind, auf die sie warten alle Geheimnisse der Erde und des Himmels. Ebenso leicht zu erkennen sind die Pergamentwürmer, die eines Tages als Lichter in der Kirche und auf dem Gebiet der Wissenschaft leuchten sollen, ob sie sich jetzt blass und melancholisch an ihren *Catenæ*, ihren *Sumæ* und *Sententiæ abmühen* oder mit ungeheuchelter Selbstverständlichkeit ertragen. Befriedigung das kostbare Gewicht der *Begriffe*, das sie so deutlich über die unwissende Masse der Sterblichen erhebt. Und in der Menge der erstgenannten, die noch frisch von der Jugend sind, und dieser bereits ausgetrockneten Pedanten, finden wir auch die weithin berühmte dritte Klasse von Studenten, Abenteurer, die aus allen Richtungen unter dem Schutz der Universitätsprivilegien versammelt sind, diese Herren mit bärtigen Wangen und Gesichter, die vom Trinken geschwollen und vom Kampf gezeichnet waren, mit furchtbar langen und breiten Schwertern, die an ihrer Seite baumelten – die Helden dieser nie endenden Ilias, die die Lehrlinge der Gelehrsamkeit und die Gilden jede Nacht in der Dunkelheit der Gassen aufführen, wer kann noch? werden eines Tages die frommsten Konventsprioren, die ernsthaftesten Ärzte und die strengsten Bürgermeister der Christenheit hervorbringen, es sei denn, sie treffen ihr Schicksal vorher am Galgen, auf dem Schlachtfeld oder als *Gelehrte Landstreicher* im Graben oder am Straßenrand.

Sollen wir eintreten und uns einige dieser Vorträge anhören, die gleich gehalten werden? Wenn wir das wünschen, öffnet uns unser akademischer Beitrittsbrief die Türen. Links im Gewölbesaal hat der Medizinprofessor mit seiner Vorlesung begonnen. Mit erstaunlicher Subtilität und Eindringlichkeit erörtert er die äußerst wichtige Frage, die bereits von Petrus de Abano gestellt , aber noch nicht vollständig gelöst wurde: „ *an caput sit factum propter cerebrum vel oculos* " (ob der Kopf um des Gehirns willen geformt wurde oder nicht). die Augen). Rechts führt uns der Theologieprofessor in eines der dunklen Geheimnisse der Kirche, indem er die Frage aufwirft, was Petrus mit Brot und Wein gemacht hätte, wenn er die Elemente verteilt hätte, während der Leib Christi in unveränderter Realität noch festhielt das Kreuz. [28] Etwas weiter in diesem modrigen Gewölbe finden wir die Werkstatt der Philosophie, in der ein Meister der Kunst des abstrakten Denkens die Unterscheidung zwischen *universalia ante rem* und *universalia in re herleitet* . In jenem hintersten Raum erläutert ein Rechtsberater eine Passage in den Pandekten. – Oder möchten Sie vielleicht lieber gar nicht wählen? Du lächelst traurig. Ach! Sie haben wie ich allen Grund, sich über Faust zu beschweren: –

> Das habe ich leider! Philosophie,
> Medizin und Jurisprudenz auch,
> und zu meinem Preis Theologie, mit eifriger Arbeit
> durchstudiert. Und hier stehe ich mit all meinem
> Wissen, armer Narr, nicht klüger als zuvor.

und wenn du wie er hinzufügst,

> Deshalb habe ich mich jetzt der Magie gewidmet,

Wir werden uns das Objekt unserer brennenden Sehnsüchte wieder ins Gedächtnis zurückrufen, die Hoffnung, die uns erheitert, dass endlich der Schleier vom Angesicht des Isis-Bildes gerissen wird und dass wir das Unaussprechliche von Angesicht zu Angesicht sehen werden, auch wenn es so aussieht Verbrenne uns zu Asche. Kehren wir diesem tragikomischen Ort der Gelehrsamkeit den Rücken, wo, wie überall sonst, grauhaarige Narren junge Hühnerköpfe lehren, Unsinn zu bewundern, und junge Adlerseelen, am Wissen zu verzweifeln. Es ist nicht weit entfernt – so direkt, wie es die verwinkelten Gassen zulassen – zu dem großen Zauberer, der in dieser Stadt seinen Wohnsitz aufgeschlagen hat. Lasst uns zu Füßen dieses Meisters Platz nehmen. Dort werden wir unseren brennenden Durst mit zumindest ein paar Tropfen jenes Wissens stillen, das in vergangenen Zeiten in einem unterirdischen Kanal geflossen ist, allerdings aus denselben Quellen wie die Ströme des Paradieses. Und wenn wir dort enttäuscht werden, dann können *Sie* , wenn Sie möchten, Ihre Sehnsucht nach Wahrheit im Strudel von Vergnügen und Abenteuer stillen. *Ich* werde in ein Kloster gehen, die engste seiner Zellen aufsuchen, wachen, beten, mein Blut in Strömen ausströmen lassen; Oder ich gehe nach Indien, setze mich auf den Boden und starre auf meine Nasenspitze – starre darauf und höre nie auf, Jahr für Jahr, bis alles Bewusstsein erloschen ist. Einverstanden, nicht wahr ?... .

Wir sind im allereinsamsten Viertel der Stadt angekommen und in den trostlosesten Viertelgrenzen, wo sich alte, verfallene Häuser in unentwirrbarem Durcheinander entlang der Stadtmauer gruppieren und aus ihren Giebelfenstern ihren leeren, hypochondrischen Blick auf die offenen Felder werfen darüber hinaus. Ein Turm, der die Festungsmauer auf dieser Seite krönt, dient dem großen Wissenschaftler nun als Observatorium und Wohnsitz, den ihm der Bürgermeister und der Rat der Stadt geschenkt hatten. Er war lange Zeit Privatarzt der Königin von Frankreich, hat sich nun aber von den Freuden, den Auszeichnungen und den Gefahren des Lebens am Hofe an diesen einsamen Ort zurückgezogen, um sich in aller Stille der Forschung und dem Studium zu widmen. Er hat einen Beschützer in dem in der Stadt ansässigen Fürsterzbischof; und wie der Theologieprofessor auf Bitten desselben Fürstbischofs seine strenge Orthodoxie bescheinigte, dachten die Stadtbehörden daran, ihn zu überreden, die ehrenvolle und lukrative Position eines Stadtastrologen zu erhalten, ohne auf die Behauptung der Mönche zu achten, dass er war ein Zauberer und sein schwarzer Spaniel war in Wirklichkeit kein anderer als der Teufel selbst.

Ein Zauberer lässt es nie zu, dass er bei seiner Arbeit unterbrochen wird, sei es bei der Betrachtung der Natur der Geister, bei der Beobachtung des Himmels oder bei der Ausarbeitung der *Quinta essentia* , die letzte Essenz, mit seinen Tiegeln. Oh! Welche weltweiten Hoffnungen, welche feierlichen Gefühle, welche unaussprechliche Seelenspannung müssen diese Untersuchungen begleiten! Das Gold, das die Welt regiert, fällt hier als überreife Frucht vom Baum der Erkenntnis in den Schoß des Meisters. Und was ist Gold mit all der Macht, die es besitzt, und all dem Vergnügen, das es bietet, verglichen mit der Fähigkeit, Himmel und Erde und die Geister der Hölle zu kontrollieren, verglichen mit der Fähigkeit, sie durch Lustrationen, Siegel, Charaktere und Exorzismen zu beschwören? die Engel, die in den höheren Sphären schweben, oder die Dämonen, die die Unermesslichkeit des Weltraums erfüllen, zum Gehorsam zähmen? Und was ist diese Macht im Vergleich zu dem reinen himmlischen Wissen, zu dem die Magie den Schlüssel liefert? ein Wissen, das die Weisheit der Engel ebenso weit übertrifft, wie der Platz des Sohnes im Haus seines Vaters höher ist als der eines Dieners! Vielleicht ist der Magier gerade in diesem Moment tief in eine Untersuchung vertieft und nur um Haaresbreite von der Enthüllung einer neuen und schillernden Wahrheit entfernt. Lassen Sie uns überlegen, bevor wir es wagen, um Einlass zu bitten. Lassen Sie uns einen Moment vor dieser eisenbeschlagenen Tür innehalten und zu Atem kommen.

Ihr Männer der Wissenschaft in diesem neunzehnten Jahrhundert, wie elend wäret ihr, wenn ihr nicht ein für alle Mal beschlossen hättet, eure Hoffnungen auf ein Minimum zu beschränken! Zu sterben, obwohl man auch nur einen einzigen Strohhalm zur Ernte der Wissenschaft beigetragen hat, ist das Schicksal, dem man sich aussetzt. Derjenige unter Ihnen, der eine bisher unbekannte Schnecke oder Blume bemerkt hat, glaubt, nicht umsonst gelebt zu haben. Eine Formel gefunden zu haben, nach der sich eine Gruppe von Phänomenen einordnen lässt, ist bereits ein Triumph. Diese Resignation, die jeden von euch, selbst den Größten, nur zu einem unbedeutenden Detailarbeiter der immensen Arbeit macht, deren Vollendung ihr aus unendlicher Ferne betrachtet und deren Umrisse ihr ignoriert, – diese Resignation ist erhaben, wenn auch äußerst schmerzlich für die aufstrebende Seele. Der einzelne Arbeiter seinerseits enthält sich jeder Hoffnung, die ganze Wahrheit zu sehen, und arbeitet für seine Generation und Zukunft. Selbst der Philosoph, der es unternimmt, das Gerüst des Makrokosmos zu erklären, sieht in seinem System keine endgültige Lösung des „Problems der kosmischen Erklärung", sondern nur ein Glied in der langen Kette der Entwicklung. Er sieht den Untergang seiner Theorien voraus und ist vielleicht zufrieden, wenn die Spuren seines Irrtums seinen Nachfolger auf einem geraderen Weg halten. Es ist die Rasse und nicht das Individuum, das bei Ihrer Arbeit eine Rolle spielt; was es fortsetzt, wenn du müde geworden bist und vergessen wurdest. Es ist eine kollektive Aktivität wie die von Ameisen und Bienen. Doch der Zauberer steht allein da! Gewiss empfängt er, was die Vergangenheit ihm bieten mag – aber nur, um sich mit diesem Schatz zu umgeben und ihn durch den unermesslichen Reichtum seines eigenen Geistes zu bereichern. Er glaubt an diese Unermesslichkeit. Er glaubt, dass die Kräfte aller Generationen im Schoß des Einzelnen gespeichert sind, und er hofft, das allein zu erreichen, was man kleinmütig der Vielzahl unkalkulierbarer Jahrhunderte überlässt!

---

Wir klopften an die Tür, die mit ihren Eisenriegeln schwerfällig war. Es öffnete sich wie von unsichtbarer Hand. Als wir die dunkle Wendeltreppe hinaufstiegen, meldete sich kein Diener zur Begrüßung oder Ermahnung. Unangekündigt betraten wir den Saal des großen Zauberers. Entlang der gewölbten Decke der Räume, deren grüne, mit Blei befestigte Fensterscheiben nur spärliches Licht hereinließen, schwebte ein duftender Dampf aus der Zelle im äußersten Hintergrund, wo wir den Zauberer selbst sehen konnten, gekleidet in einen schneeweißen Mantel, der bis zu seinen Füßen reichte und stand feierlich neben einem Räucheraltar. Auf seinem Kopf trug er ein Diadem, auf dem der unaussprechliche Name *Tetragrammaton eingraviert war* , und in seiner Hand hielt er eine Metallplatte, die, wie wir bald erfuhren, aus Elektrum bestand und mit den Signaturen kommender Jahrhunderte versehen war.

Wir hielten inne und stammelten ein Wort der Entschuldigung für die Unterbrechung, die wir ihm verursacht hatten. Ein zufriedenes Lächeln breitete sich auf seinem Gesicht aus, als er uns einen Moment lang musterte, und er hieß uns willkommen.

„Sie sind genau die Personen, deren Ankunft ich erwartet habe und deren Herbeirufung mich viel Mühe gekostet hat", sagte er. „Ihr seid die Geister des neunzehnten Jahrhunderts, beschworen, um vor einem Mann des fünfzehnten zu erscheinen. Ihr werdet aus den Vorzimmern gerufen, wo die Seelen der Ungeborenen auf ihren Eintritt auf die Erde warten. Aber die Bilder des Jahrhunderts, zu dem Ihr zukünftiges sterbliches Leben gehört, wohnen in den Tiefen Ihres Bewusstseins. Diese Bilder sollst du mir zeigen. Dazu habe ich Sie gerufen, denn ich möchte einen Blick in die Zukunft werfen."

Ein seltsames, fast schreckliches Gefühl erfasste mich. Ich erinnerte mich jetzt daran, dass ich und meine Gefährten uns mit Mitteln, die die gesamten Reproduktionskräfte der Vorstellungskraft anregen, vom eigentlichen neunzehnten Jahrhundert zurück in das längst vergangene fünfzehnte Jahrhundert versetzt hatten, damit wir es live vor uns sehen konnten Augen, nicht in zersplitterten Zügen, wie ein vergangenes Zeitalter in Büchern festgehalten wird, sondern in der Vollständigkeit seiner eigenen Vielgestaltigkeit . Wer hatte recht, der Zauberer oder ich? Wer war derjenige, der nur scheinbar lebte, er oder ich? Auf welche Stunde zeigte der Zeiger der Zeituhr in diesem Moment? Zugegeben, die Zeit ist absolut nichts anderes als eine begriffliche Form ohne eigenständige Realität; Solange ich in der Zeit lebe, glaube ich an ihren geordneten Lauf und möchte nicht, dass sich ihr goldener Faden verwickelt. Ich wünschte nicht, dass der Geist, den ich beschworen hatte, mein Herr sein und mich zu einem Produkt seiner eigenen Fantasie degradieren würde. Ich nahm all meinen Mut zusammen und rief:

„Wir sind durch viele Städte gewandert, großer Zauberer, um dich zu finden. Wir stehen endlich in diesem Zufluchtsort. Wir sehen diese düsteren gotischen Bögen über unseren Köpfen; wir sehen deine ehrwürdige Gestalt vor uns; wir sehen diese Blätter und seltsamen Instrumente, die dich umgeben; Wir blicken durch diese Fenster hinaus und erblicken auf der einen Seite Türme und Hausdächer, auf der anderen Seite Felder, Wiesen und die Hütten der Leibeigenen und dort in der Ferne die Burg eines Ritters, der nächtlicher Überfälle auf die Züge von verdächtigt wird die Kaufleute, als sie sich der Stadt nähern. All diese Dinge stehen real und präsent vor unseren Augen: aber dennoch, großer Magier, ist alles, dich selbst eingeschlossen, ein Produkt unserer *Magie* , der Kraft unserer eigenen Vorstellungskraft, nicht deiner *Magie* . Wir sind hierhergekommen, um Letzteres kennenzulernen. Nicht wir sollen Ihre Fragen beantworten, sondern Sie unsere."

Der Zauberer lächelte. Er beharrte auf seiner Ansicht und ich auf meiner. Die Streitfrage konnte nicht entschieden werden und wurde aufgehoben. Aber mit dem Bewusstsein, einer Zeit kritischer Aktivität anzugehören, waren auch meine Zweifel geweckt – meine noch lebende Hoffnung, in der Magie den Schlüssel aller Geheimnisse zu finden, schwand schnell.

Ich habe mich in diesem Haus des Zauberers umgesehen. Auf seinem Schreibtisch lag ein Pergament, auf dem er begonnen hatte, das Horoskop für das folgende Jahr aufzuschreiben. Neben dem Schreibtisch stand ein Himmelsglobus mit in verschiedenen Farben bemalten Figuren. In einem nach Süden gerichteten Fenster hing ein Astrolabium, an dessen Alidade ein langes Teleskop (natürlich ohne Linsen) befestigt war. Der Bücherschrank enthielt eine nicht unerhebliche Anzahl von Blättern: Versio Vulgata , einige Bände der Väter, Vergil, Dionysius Areopagita , Ptolemäus, die Hymnen des Orpheus, Hermes Trismegistus, Jamblichus , Plinius' Naturgeschichte, eine große Anzahl teilweise arabischer Werke über Astrologie und Alchemie, auch einige hebräische Manuskripte und so weiter An. Diese und andere Dinge dieser Art befanden sich in seiner Sternwarte, die gleichzeitig sein Atelier und Schlafzimmer war. Neben dem Observatorium befand sich das alchemistische Labor mit einem seltsam ausgestatteten Ofen voller seltsamer Instrumente, der mich erneut an Fausts Beschwerde erinnerte:

**Ihr Instrumente freilich gefleckt mein ,**
**Mit Rad und Kämmen , Walz und Bügel .**
**Ich stehe am Thor, ihr solltet Schlüssel sein;**
**Zwar Euer Bart ist kraus , doch hebt Ihr nicht die**
**Riegel.**

Während wir hier verweilten, teilte uns unser Gastgeber mit, dass er seine Experimente in der Alchemie vorerst eingestellt habe. Er hoffte, seine *Quinta* zu finden *essentia* durch einen kürzeren Prozess als die Kombination von Stoffen und die Destillation, die bereits so viele Forscher erschöpft und so wenige zum Erfolg geführt hatte. Er gab zu, dass er selbst in der Kunst der Adepten nicht weiter fortgeschritten war als durch die Extraktion aus „philosophischer Erde", vermischt mit „philosophischem Wasser", von genau so viel und nicht mehr Gold, als er zu Beginn des Experiments verwendet hatte. [29] Trotzdem arbeitete er täglich vor seinem Ofen, schmolz und reinigte die Metalle, die er für seine Planetenmedaillons, Amulette und magischen Ringe brauchte, und bereitete vor allem jene wirksame Legierung vor, die Elektrum genannt wird.

Von seinem Labor aus führte uns unser Gastgeber in zwei weitere Räume mit gewölbten Decken, die eine Art Museum der außergewöhnlichsten Kuriositäten bildeten: Skelette und getrocknete Gliedmaßen verschiedener Tiere: Fische, Vögel, Eidechsen, Frösche, Schlangen usw.; Kräuter und verschiedenfarbige Steine; ganze und zerbrochene Schwerter; Nägel aus Särgen und Galgen; Flaschen mit, ich weiß nicht was, alle in Gruppen nach den Zeichen der verschiedenen Planeten angeordnet. Wir sahen vor uns den wunderbaren und reichen Apparat der praktischen Magie, der nach Regeln angeordnet war, die wir überhaupt nicht kannten – Regeln, nach denen wir in allen Abhandlungen der Neuzeit über die okkulten Wissenschaften des Mittelalters vergeblich gesucht hatten, Regeln, die vielleicht vielleicht doch funktionieren würden enthalten die einfachen Prinzipien, die ihrer Verwirrung zugrunde liegen.

Der Abend nahte. Die Sonne versank hinter den westlichen Hügeln. Zwischen den Bögen, in denen sich der große Magier zwischen toten und verwelkten Relikten gefangen gehalten hatte, begann es zu dunkeln – Fragmente, die aus der großen und lebendigen Welt draußen herausgebrochen waren. Wir kehrten zu seinem Observatorium zurück. Er öffnete ein Fenster und betrachtete mit verträumten Blicken die Sterne, die einer nach dem anderen am Himmel aufleuchteten. Die Dämmerung ist eine günstige Zeit für Gespräche der Art, auf die wir uns vorbereitet hatten. Wir saßen bald in bequemen, geräumigen Sesseln und unterhielten uns ernsthaft – wir, der Mann des fünfzehnten Jahrhunderts und die ungeborenen Seelen des neunzehnten, die er gerufen hatte, um in die Zukunft zu blicken, und die ihn nun benutzten in die Vergangenheit zurückblicken. Er sprach mit uns über seine Wissenschaft...

„Mein Wissen ist nicht von mir selbst. Weit, weit hinter diesen Hügeln, hinter den schneebedeckten Gipfeln der Alpen, hinter den Bergen der „am weitesten entfernten Garamanten", auf namenlosen Höhen, die in den Wolken verschwinden, wurde vor langer Zeit der Tempel der Wahrheit über der Quelle errichtet, aus der er stammte das Leben fließt. Dass dieser Tempel abgerissen wurde, wissen wir wohl; Nur das erste Menschenpaar ist durch seine heiligen Hallen gewandert. Aber wer wünscht, wer sich sehnt und Geduld hat, kann sich an den Rand des Stroms der Zeit setzen und einige der Zedernbalken des zerstörten Tempels, die auf den Wogen treiben, ergreifen und ans Ufer ziehen, und aus der Form der Fragmente kann es werden bestimmen die Struktur des Ganzen. Alle Weisheit hat ihre Wurzeln in der Vergangenheit, und je tiefer wir in die Antike vordringen, desto reicher werden die Überreste einer höchsten menschlichen Weisheit. Was ist Albertus Magnus mit seinem profunden Wissen im Vergleich zur Engelsweisheit des Dionysius Areopagita , und was ist letztere im Vergleich zu der des Propheten, der sein Leid über Ninive und Babylon anprangerte? Und doch wären diese von Gott beauftragten Männer gerne von den siebzig Ältesten belehrt worden, denen es erlaubt war, sich mit Moses dem Berg zu nähern, wo Gott sich offenbaren wollte, und dort das mystische Wissen der Kabbala zu empfangen. Auf dem Sinai war Gottes Geheimnis jedoch in

Wolken, Blitzen und Schrecken gehüllt; Moses selbst durfte ihn nur „von hinten" sehen – erlangte kein Morgenwissen (ein Wissen *a priori* , wie ein analogiesuchender Schüler Schellings es genannt hätte), sondern ein Abendwissen (Wissen *a posteriori* , er hätte hinzugefügt). Das Morgenwissen wurde nur dem Menschen der Morgendämmerung gezeigt und erlosch bei der ersten Sünde. Von diesem Zeitpunkt an hat sich jede nachfolgende Generation gegenüber ihrer Vorgängerin verschlechtert:

> „' *Aetas parentum , minderwertig avis , tulit*
> *Nos nequiores , mox daturos*
> *Progeniem vitiosiorem ,*'

und mit der Dunkelheit der Sünde stürzt sich die Vernunft in immer schwärzere Tiefen. Der einzelne Wahrheitssucher kann Erleuchtung erlangen, aber nur für sich selbst, nicht für die Menschheit. Deshalb beschränkt ein Magier die Weisheit, die er erwirbt, auf seinen eigenen Busen, oder teilt sie einem einzelnen Schüler mit, oder vergräbt sie unter dunklen Ausdrücken, die er auf Pergament überträgt; aber er kann und will es nicht vorbehaltlos der Menschheit vermitteln, deren Weg in eine immer tiefere Nacht zu führen scheint.

„Sogar die Theologen sprechen von der ursprünglichen Weisheit – die Theologen, mit denen wir, die wir die okkulte Wissenschaft praktizieren, weit mehr übereinstimmen, als die einfachen und misstrauischen unter ihnen denken. Was zur Zeit Noahs an ursprünglicher Weisheit übrig geblieben war, wurde mit ihm in der Arche gerettet. Sein Erstgeborener erhielt als sein Anteil die schönste Weisheit. Die Prophezeiung, die Kabbala und das Evangelium gehören den Söhnen Sems, den Juden. Aber selbst Ham und Japhet blieben nicht mittellos. Es war der Priester der Söhne Hams, der die Geheimnisse von Isis hütete – Geheimnisse, vor denen selbst wir Christen uns im Staub beugen müssen; denn das Alte Testament zögert nicht, die Weisheit der Ägypter zu preisen und Moses als Schüler ihrer Schule anzuerkennen. Hermes Trismegistus war ein Ägypter, und wir Magier, die wissen, dass er alles, was er wählte, in Gold und Edelsteine verwandelte, wundern sich nicht, wenn der Apostel Paulus von den Schätzen Ägyptens spricht oder darüber, was Reisende von seinen Pyramiden und anderen riesigen Bauwerken erzählen . oder wenn Plinius die Zahl seiner Städte auf zwanzigtausend schätzt, oder wenn Marcellinus sich über die immensen Schätze wundert, die Kambyses aus ihr mitnahm, denn all dies war eine Schöpfung der Kunst des Hermes Trismegistus. [30] Sogar der Anteil der Kinder Japhets war nicht unbedeutend. Es wurde zwischen der Schatzkammer von Zoroaster und der der eleusinischen Mysterien aufgeteilt. Einige Münzen dieses Schatzes fielen in die Hände von Platon und Aristoteles und gelangten von ihnen in den Besitz von Porphyrius , Jamblichus sowie den Theosophen und Scholastikern. Es ist diese diffuse

Erleuchtung – die der Bibel (ihrer inneren, geheimen Bedeutung), der Kabbala und Fragmente der ägyptischen, persischen und griechischen Weisheit – die in der Magie des Lernens gesammelt und vereint werden. Das sind die Vorfahren meiner Wissenschaft. Hat es nicht einen edleren Stammbaum als der einer königlichen Familie?

„Ich habe gehört, dass Sie etwas über die Notwendigkeit einer voraussetzungsfreien Untersuchungswissenschaft gesagt haben. Würden Sie sich dann wirklich anmaßen, der Richter über alles zu sein, was vergangene Generationen gedacht, geglaubt und als heiliges Erbe an die Nachkommen weitergegeben haben? Scheuen Sie nicht vor der Vorstellung zurück, dass der menschliche Hunger nach Wahrheit von Adam bis in unsere Tage durch nichts als Illusionen gestillt worden sein muss? Dass Sie die Kinder und Kindeskinder bloßer Idioten sind, die ihre Hoffnungen, ihren Glauben und ihre Überzeugungen auf unbegründete Unwahrheiten gegründet haben? Stellen Sie Ihren gottlosen Ermittlungsplan auf die Probe! Tun Sie es offen, und die Theologen werden Sie verbrennen! Tun Sie es im Geheimen, und Sie werden sich endlich nach dem Scheiterhaufen als Befreier aus der schrecklichen Leere sehnen, die eine solche Wissenschaft in Ihrer eigenen Seele hinterlassen würde! Nein, der Magier glaubt genauso fromm wie der Theologe. Nur im sanften Zwielicht des Glaubens kann er jene Operationen unternehmen, deren Erfolg eine Bestätigung der Wahrheit seines Glaubens ist. Oder benötigen Sie eine stärkere Bestätigung der Echtheit seiner Lehren als das, was ich finde, wenn ich in diesen Sternen, die schweigend an meinem Fenster vorbeiwandern, die Schicksale der Menschen lese und sehe, wie diese Schicksale erfüllt werden? Wenn ich mit der Kraft magischer Mittel Engel, Dämonen und die Seelen toter und ungeborener Menschen herbeirufe, damit sie sich vor meinen Augen offenbaren, und sie erscheinen?

„Ich gestehe, dass unsere Wissenschaft, wenn man sie nur oberflächlich betrachtet, einem bunten Teppich mit kunstvoll verwobenen Fäden ähnelt; Da aber nur eine begrenzte Anzahl von Manipulationen erforderlich ist, um die bemerkenswerteste Textur zu erzeugen, sind es auch nur ein paar einfache Gedanken, die alle Lehren und Produkte der Magie stützen.

„Dass das Universum eine dreifache Harmonie ist, so wie die Gottheit eine Dreifaltigkeit ist, wissen Sie. Wir leben in der elementaren Welt; über unserem Kopf dreht sich der Himmelsraum mit seinen verschiedenen Sphären; und darüber thront schließlich Gott in der rein geistigen Ideenwelt. Die unglücklichen Wissenschaftler Ihres Jahrhunderts haben in ihrem engen Vorurteil diese Welten voneinander getrennt (aber indem sie das Himmlische und das Elementare zusammengedrängt haben). Ihre sogenannten Naturforscher erforschen nur die elementare Welt und Ihre sogenannten Philosophen nur das Ideal; aber die ersteren erreichen bei all ihrer Auseinandersetzung mit den verschiedenen Formen der Materie nie den

Bereich des Geistigen, sondern werden vielmehr dazu gebracht, dessen Existenz zu verleugnen; und diese kann niemals aus der dunklen Welt der Ideen den konkreten Reichtum der Natur hervorrufen. Vergebens glauben Ihre Naturforscher, dass sie in der Physiologie oder Ihre Philosophen in der Anthropologie den Übergang von einer Welt zur anderen finden werden. Wir Magier hingegen studieren diese Welten als Einheit. Wir finden, dass sie durch zwei mächtige Bindungen verbunden sind: die der Korrespondenz und die der Kausalität. Alle Dinge in der elementaren Welt haben ihr Gegenbild im Himmlischen, und alle himmlischen Dinge haben ihre entsprechenden Ideen. Diese Entsprechungen werden von oben nach unten als Saiten auf der Harfe des Universums aufgereiht, und auf dieser Harfe bewegen sich die Kausalitäten auf und ab wie die Finger eines Spielers. Während Ihre Naturforscher die Ketten der Kausalität nur in einer Richtung suchen, der Horizontalen, dem, was die Dinge auf derselben Ebene durchzieht, dem, was die Dinge in ein und derselben elementaren Welt verbindet; Wir, die Studenten der Magie, suchen mit noch größerem Fleiß nach den senkrechten Kausalitätsketten, die entsprechende Objekte in den drei Welten durchziehen und verbinden. Unsere Art, diese senkrechte Reihe zu untersuchen, ähnelt Ihrer Methode, die Horizontale zu untersuchen, wenn auch nur geringfügig, wenn überhaupt. Was für unnötige Probleme bereitet Ihnen Ihre Einführung! Sie möchten beispielsweise die Natur einer Kraftäußerung untersuchen; Sie analysieren es mit großer Sorgfalt in verschiedene Faktoren, Sie bemühen sich, jeden dieser Faktoren zu isolieren und sie dazu zu bringen, jeweils ihre eigene Rolle zu spielen, um herauszufinden, was jeder zum gemeinsamen Ausdruck der Kraft beigetragen hat. Wir stoßen auf keine derartigen Hindernisse. Eine geheime Tradition hat uns unsere senkrechten Kausalitätslinien fast vollständig präsentiert, und wir sind in der Lage, die Lücken dieser Tradition durch eine Untersuchung zu füllen, die nicht mit großen Schwierigkeiten verbunden ist. Diese Untersuchung stützt sich auf die Ähnlichkeiten der Dinge, denn diese Ähnlichkeit leitet sich aus einer Entsprechung ab und Kausalität ist mit Entsprechung verwoben. So urteilen wir zum Beispiel aufgrund der Ähnlichkeit zwischen dem Glanz des Goldes und dem der Sonne, dass das Gold in diesem Himmelskörper seine himmlische Entsprechung hat und eine kausale Beziehung zu ihm aufrechterhält. Ein weiteres Beispiel: Der Zweihörnigerkäfer steht in einem kausalen Zusammenhang mit dem Mond, der bei seinem Zu- und Untergang ebenfalls zweihörnig ist; und wenn es irgendeinen Zweifel an dieser innigen Beziehung zwischen ihnen gäbe, müsste dieser verschwinden, wenn wir erfahren, dass der Käfer seine Eier achtundzwanzig Tage lang in der Erde versteckt, oder gerade so lange, bis der Mond vorbeikommt durch den Tierkreis, gräbt sie aber am neunundzwanzigsten wieder aus, wenn der Mond in Konjunktion mit der Sonne steht. [31] Lächeln Sie nicht über diese Untersuchungsmethode!

Hüten Sie sich davor, den Fehler zu wiederholen, den der „gesunde Menschenverstand" so gerne begeht, wenn er Absurditäten in Wahrheiten sieht, die zufällig außerhalb seines Horizonts liegen? Unsere Methode basiert auf der Idee, dass es in der Natur nichts Zufälliges gibt. Wir akzeptieren zwar eine göttliche Entscheidung, aber keineswegs einen natürlichen Zufall. Nicht einmal die geringste Ähnlichkeit zwischen existierenden Objekten ist ein bedeutungsloser Zufall! Nicht einmal der kleinste Strich in den Zahlen, mit denen wir unsere Worte und Gedanken schriftlich festhalten, ist ohne tiefe Bedeutung. Jedes Ding im Werk der Natur und des Menschen hat seine Ursache und seine Wirkung. Wir können keine Geste machen oder ein Wort sagen, ohne dem gesamten Universum Schwingungen zu verleihen, nach oben und unten – Schwingungen, die stark oder schwach, wahrnehmbar oder nicht wahrnehmbar sein können. Dieses Prinzip durchzieht unser gesamtes kosmisches System, und dieser Gedanke muss auch für euch Analysatoren wahr sein.

„Bevor ich den magischen Nutzen unserer Reihe von Korrespondenzen und Kausalitäten ausführlicher erkläre, möchte ich Ihnen einige davon zeigen. Ich werde das Einfachste, aber gleichzeitig Wichtigste auswählen. Ich beginne mit

DER MASSTAB DER HEILIGEN TETRADE. (Tabelle I.)

*Daraus ergeben sich die Entsprechungen zu den vier Elementen.*

| | יהוה | | | | Gottes Name (Jehova) in vier Buchstaben. |
|---|---|---|---|---|---|
| DIE WELT DER ARCHETYPEN UND DER GLÜCKSELIGKEIT. | Seraphim, Cherubim, Throne. | Herrschaften, Mächte, Imperien. | Fürstentümer, Erzengel, Engel. | Heilige, Märtyrer, Bekenner. | Die vier Dreiheiten der himmlischen Hierarchie. |
| | Michael. | Raphael. | Gabriel. | Uriel. | Vier Engel, Wächter der vier Karten . Punkte. |
| | Seraph. | Cherub. | Tharsis . | Ariel. | Engel, die über die Elemente herrschen. |
| DIE HIMMLISCHE WELT. | Widder, Löwe, Schütze. | Zwillinge, Waage, | Krebs, Skorpion, Fische. | Stier, Jungfrau, Capra. | Die vier Dreiheiten |

| | | | | | |
|---|---|---|---|---|---|
| | | Wasserman n. | | | des Tierkreises. |
| | Mars, Sonne. | Jupiter, Venus. | Saturn, Merkur. | Fixsterne, Mond. | Die Sterne und Planeten im Zusammenha ng mit den Elementen. |
| | Licht. | Transparen z. | Aktivität. | Festigkeit. | Vier Eigenschafte n der himmlischen Elemente. |
| | Feuer. | Luft. | Wasser. | Erde. | Die vier Elemente. |
| | Wärme. | Feuchtigkei t. | Kälte. | Trockenheit. | Die vier Eigenschafte n der Elemente. |
| | Sommer. | Frühling. | Winter. | Herbst. | Die vier Jahreszeiten. |
| | Ost. | Westen. | Norden. | Süd. | Die Viererkarte . Punkte. |
| | Tiere. | Kräuter. | Metalle. | Steine. | Vier Arten gemischter Körper. |
| DIE ELEMENTARE WELT. | Gehen. | Fliegend. | Baden. | Krabbeln. | Vier Arten von Tieren. |
| | Keim. | Blume. | Blätter. | Wurzel. | Die Pflanzenteile im Zusammenha ng mit den Elementen. |
| | Gold, Eisen. | Kupfer, Zinn. | Quecksilber . | Blei, Silber. | Den Elementen entsprechend e Metalle. |
| | Leuchten d und brennend . | Leicht und transparent. | Klar und hart. | Schwer und undurchsicht ig. | Den Elementen entsprechend e Steine. |

| MIKROKOSMOS . | Glaube. | Wissenschaft. | Meinung. | Erfahrung. | Vier Prinzipien des Urteilens. |
|---|---|---|---|---|---|
| | Cholerisch. | Sanguinisch. | Phlegmatisch. | Melancholisch. | Temperamente. |
| HÖLLE. | Samael. | Azazael. | Azael . | Mehazael . | Fürsten der bösen Geister, die in den Elementen wüten. |
| | Orien . | Paymon . | Egyn . | Amaimon . | Die Dämonen präsidieren die vier Karten . Punkte. |

„Hier sehen Sie eines der Netze, die die Magie vom Empyrean bis in den Abgrund gespannt hat. Für jede der heiligen Zahlen gibt es eine eigene Skala derselben Art: „Das Universum", sagt Pythagoras, „beruht auf Zahlen", und Boethius behauptet: „Alles, was am Anfang der Zeit geschaffen wurde, wurde gemäß den Beziehungen geformt . " von bestimmten Zahlen, die als Typen im Kopf des Schöpfers lagen. Es ist daher eine feststehende Tatsache für uns, dass Zahlen größere und wirksamere Kräfte enthalten als materielle Dinge; denn die ersteren sind keine Mischung von Substanzen, sondern können als rein formale Einheiten in unmittelbarem Zusammenhang mit den Ideen der göttlichen Vernunft stehen. Dies wird auch von den Vätern erkannt: von Hieronymus, Augustinus, Ambrosius, Athanasius, Beda und anderen, und liegt diesen Worten im Buch der Offenbarung zugrunde: „Wer Verstand hat, zähle die Zahl des Tieres." Die verschiedenen und relativ unharmonischen Objekte, die in derselben Welt eine Einheit bilden, sind in der Skala nebeneinander angeordnet; wohingegen diejenigen Dinge, die in verschiedenen Gruppen oder verschiedenen Welten einander entsprechen, die aufsteigende und absteigende Reihe bilden.

„Vergessen Sie nicht, dass Korrespondenz auch gegenseitige Aktivität bedeutet! So weist beispielsweise der Buchstabe ה im heiligen Namen Gottes auf eine Kraft hin, die in die aufeinanderfolgenden Ordnungen der Seraphim, Cherubim und Throne eingeflossen ist und die durch sie auf die Sternbilder Löwe und Schütze sowie auf die beiden wandernden Gestirne übertragen wird Mars und die Sonne. Diese Engel und Sterne ergießen alle die Fülle ihrer Kräfte in die elementare Welt, die dort Feuer und Hitze und die Keime tierischer Organismen hervorbringt und im Menschen Vernunft und

Glauben entfacht, um schließlich in der untersten Region, ihr, zu treffen Gegensätze: Kälte, Zerstörung, Irrationalität, Unglaube, dargestellt durch die Namen gefallener Engelfürsten. Ich zeige Ihnen nun eine weitere Tabelle, die eine Einführung in das Studium der Astrologie darstellt und bestimmte Teile des Vorstehenden ausführlicher behandelt und zeigt, wie die Dinge in der Elementarwelt und im Mikrokosmos den Planeten unterliegen. Indem ich Ihnen dies zeige, möchte ich Sie an den Vers erinnern:

*' Astra regunt hominem; sed regit astra Deus. '*
*( Die Sterne leiten den Menschen; aber Gott leitet die Sterne. )*

( TABELLE II.)

| | MOND. | QUECKSILBER. | VENUS. | SONNE. | MARS. | JUPITER. | SATURN. |
|---|---|---|---|---|---|---|---|
| ELEMENTE. | Erde Wasser. | Wasser. | Luft Wasser. | Feuer. | Feuer. | Luft. | Erde Wasser. |
| MIKROKOSMOS | Weiße Säfte. | Gemischte Säfte. | Schleimige Säfte. | Blut und Lebenskraft. | Saure Säfte. | Vegetative Säfte. | Galle. |
| TIERE. | Gesellig und wandelbar. | Listig und schnell. | Schön mit starkem Sexualinstinkt. | Mutig und mutig. | Raubtiere. | Scharfsinnig und sanft. | Krabbelnd und nachtaktiv. |
| PFLANZEN. | Selenotrop , Palme, Ysop, Rosmarin usw. | Kleine kurze Blätter und viele bunte Blüten. | Gewürze und Obstbäume. | Kiefer, Lorbeer, Weinrebe, Heliotrop, Lotus usw. | Brennend, giftig und stechend. | Eiche, Buche, Pappel, Getreide usw. | Zypressen und solche mit düsterem Aussehen oder üblem Geruch. |
| METALLE. | Silber. | Quecksilber, Zinn, Wismut. | Silber. | Gold. | Eisen und schwefelhaltige Metalle. | Gold, Silber, Zinn. | Führen. |
| STEINE. | Alle weißen Steine und Perlen. | Viele farbig. | Karneol, Lazuli usw. | Topas, Rubin, Karbunkel usw. | Diamant, Jaspis, Amethyst, Magnet. | Grün und luftfarben | Onyx und alle braunen Tone. |

„Der Wert dieser und vieler anderer Tabellen wird Ihnen klar werden, wenn ich jetzt das erste praktische Prinzip der Magie verkünde: –

*„ So wie der Schöpfer des Universums durch Engel, Sterne, Elemente, Tiere, Pflanzen, Metalle und Steine die Kräfte seiner Allmacht auf uns ausstrahlt, so auch der Magier, indem er in der Elementarwelt jene Objekte sammelt, die eine Beziehung zu ihnen haben*

*Durch gegenseitige Aktivität auf dasselbe Wesen (einen Engel oder einen Planeten) in den höheren Welten und durch die Kombination ihrer Kräfte nach wissenschaftlichen Regeln und deren Intensivierung durch heilige und religiöse Zeremonien ist es möglich, dieses höhere Wesen zu beeinflussen und zu sich selbst zu ziehen seine Kräfte.*

„Dieses Prinzip erklärt hinreichend, warum ich all die seltsamen Dinge, die Sie hier sehen, um mich herum gesammelt habe. Hier ist zum Beispiel eine Bleiplatte, auf der das Symbol eines Planeten eingraviert ist; und daneben eine bleierne Flasche mit Galle. Wenn ich nun ein Stück feinen Onyx mit dem gleichen Planetensymbol und diesen getrockneten Zypressenzweig nehme und dazu die Haut einer Schlange und die Feder einer Eule füge, brauchen Sie nur in eines davon zu schauen Aufgrund der Ihnen gegebenen Tabellen habe ich festgestellt, dass ich in der Elementarwelt nur verschiedene Dinge gesammelt habe, die in einer Beziehung gegenseitiger Aktivität zu Saturn stehen; und wenn sie richtig kombiniert werden, können sie sowohl die Kräfte dieses Planeten als auch die der Engel, mit denen er verbunden ist, anziehen.

„Die größte Wirkung der Magie – zugleich ihr Triumph und das Kriterium ihrer Wahrheit – ist eine gelungene Beschwörung. Sollen wir eins aufführen? Wenn wir alle notwendigen Vorbereitungen treffen, können wir die gesamte Geheimwissenschaft aus der Vogelperspektive betrachten. Nur bestimmte Alchemisten haben ein noch größeres Ziel im Auge; Sie streben danach, in der Retorte den Menschen selbst hervorzubringen , ja, die ganze Welt. Ihr Männer des 19. Jahrhunderts kennt unsere Versuche, etwas zu schaffen, nur durch euren Ruf *homunculus* und *ein perpetuum mobile naturæ* . Können Sie nur die Schweißtropfen zählen, die uns diese Bemühungen abgetrotzt haben! Die Alchemie hat etwas Bezauberndes, etwas Überwältigendes. Seine Ziele sind gigantisch, und in seinen Tiefen schlummert ein schrecklicher Gedanke, weil er die kosmische Philosophie, auf der unser Glaube gründet, zu zerstören droht. Wir beschäftigen uns mit den Elementen, bis uns die Vorstellung beschleicht, dass alles von ihnen abhängt; dass alles , Schöpfer und Geschaffene, in ihnen enthalten ist; dass alles durch Notwendigkeit entsteht und durch Notwendigkeit vergeht. Wenn man im Tiegel nur die Elemente und Lebenskeime sammeln kann, die im Chaos regten, dann kann man im Tiegel auch die sechs Tage der Schöpfung erzeugen und den Geist finden, der das Universum geformt hat. Ich habe die Alchemie aufgegeben, nur um diesem Gedanken zu entkommen; Aber ein Pergamenttestament, versiegelt mit sieben Siegeln und versteckt in der geheimsten Ecke meiner Tresore, enthält die bemerkenswerten Erfahrungen, die ich bei Experimenten für das *Perpetuum Mobile* und *den Homunculus gemacht habe* . [32]

[S. 131 & 132] „ Aber zu den Vorbereitungen für unsere Beschwörung! Zuerst stellt sich uns die Frage: Ist die Stunde günstig? Sind die Aspekte gegensätzlich? Aspekt ist die relative Position zweier Planeten zueinander.

Jeder Kalender aus den Jahrhunderten, die zwischen Ihnen und mir liegen, spricht von diesen Aspekten: von der Konjunktion der Planeten (wenn sie sich auf demselben Meridian befinden und daher keinen Winkelabstand voneinander haben); ihr Gegensatz (wenn sie sich in einem direkt gegenüberliegenden Teil des Himmels befinden); ihre Quadratur (Abstand von 90°), Dreieck (120°) und Sechseck (60°). Wenn der blutrote Mars oder der blasse Saturn im Quadrat oder im Gegensatz zueinander oder zu einem der anderen wandernden Sterne stehen, bedeutet dies Zerstörung. Aber heute sind beide Planeten harmlos; Die Aspekte sind gut, und da der Mars selbst das erste „Gesicht" seines eigenen Hauses darstellt, [33] ist er dementsprechend sogar freundlich gesinnt. Sogar der Mond, dessen Hilfe benötigt wird, steht im Haus eines freundlichen Sterns und in einer günstigen Quadratur zum Jupiter. Hier treffen wir uns konsequent und ohne Hindernisse. Es bleibt jedoch auf der Seite der Astrologie, herauszufinden, welche Planeten die Regenten des gegenwärtigen Jahres sind. Mit anderen Worten: Welche Planeten bilden den ersten Aspekt des Jahres? Schauen Sie hier in meinem Kalender . Der Mars war einer von ihnen. Das passt uns umso besser, als heute Dienstag ist, der Tag des Mars, und da bald die Stunde kommen wird, über die er an diesem Tag absolut herrscht. [34] Es [S. 136 & 137] ist daher von Bedeutung, dass wir in unserer Beschwörung den kriegerischen Teil meines magischen Apparats verwenden. Unter den Elementen ist Feuer kriegerisch. Deshalb werden wir auf diesem Altar ein Feuer entzünden. Unter den Planeten sind die Dornigen, Giftigen und Nesselartigen kriegerisch. Deshalb werden wir dieses Feuer mit trockenen Zweigen und Rosensträuchern nähren. Unter den Tieren sind die Wilden und Kühnen mit dem blutroten Stern verbunden. Hier sehen Sie drei Gürtel aus Löwenfell, gesäumt mit den Zähnen von Tigern, Leoparden und Bären und versehen mit Klammern aus Eisen, denn Eisen ist das kriegerische Metall. Lasst uns diese Gürtel, wenn die Zeit gekommen ist, um unsere Taille schließen. Unter den Steinen sind Diamant, Amethyst, Jaspis und Magnet martialisch. Ich zeige Ihnen hier drei Diademe, die, obwohl aus reinem Eisen, mit diesen Steinen funkeln und mit den Zeichen und Signaturen unseres Planeten versehen sind. Hier haben Sie drei Eisenstäbe mit den gleichen Zeichen: Wir müssen sie in unseren Händen tragen. Diese mit Amethysten besetzten Brustpanzer, deren hebräische Inschriften und Zeichen sich auf dieselben Sterne beziehen, müssen wir über unseren Herzen an der Außenseite der weißen Kleidung tragen, die wir anziehen werden, bevor unsere Beschwörung beginnt. Auch hier werden Sie drei Diamantringe bemerken: Wir werden sie in dem feierlichen und schrecklichen Moment, auf den wir uns vorbereiten, an unserem Mittelfinger tragen. Diese beiden Glocken legen wir auf den Tisch; Eines besteht aus einer rötlichen Legierung und ist mit Eisenringen versehen und ruft den Kampfgeist herbei. Das andere besteht aus *Elektrum magicum* ( *d . h.* einer proportionalen Legierung aller Metalle mit etwas astraler Tinktur) und dient dazu, himmlische Reservekräfte herbeizurufen alle Arten, wenn nötig. Darüber hinaus benötigen wir diese Brustpanzer und diese Ringe aus Elektrum, die nicht den Namen eines Planeten, sondern den herrlichen und gesegneten Namen Gottes selbst tragen, als Schutz für die Beschwörer vor dem beschworenen Geist. Wer er ist, werden wir bald herausfinden. Beachten Sie hier außerdem ein schreckliches Arsenal, das auch für unseren Zweck notwendig ist. Der Mars ist der Stern des Krieges, des Mordes und der Leidenschaft. Die Dämonen des Mars haben eine entsprechende Natur, und zwischen ihnen und den Werkzeugen, mit denen sie ihre Arbeit auf der Erde verrichten, besteht eine Anziehungskraft. Deshalb haben wir hier dieses schwere Schwert, mit dem der magische Kreis gezogen werden soll; Deshalb stellen wir diese Schädel und Knochen, die an Hinrichtungsstätten gesammelt wurden, diese aus dem Galgen gezogenen Nägel, diese von Blutflecken verrosteten Dolche, Messer und Äxte in Reihen auf. Wir dürfen den Weihrauch nicht vergessen, der kurz vor dem ersten Zitat auf dem Altar entzündet wurde. Für jeden Planeten und seine Dämonen gibt es eine andere Art von Weihrauch. Das für den Mars geeignete Material besteht aus Euphorbia, Bdellium, Ammoniak, Magnet, Schwefel , dem Gehirn eines Raben, menschlichem Blut und dem Blut einer *schwarzen* Katze. [35] Es ist äußerst wichtig, dass die Qualität dieses Weihrauchs echt ist. Ich könnte zitieren, was Porphyrius zu diesem Punkt sagt; aber ich beschränke mich darauf, darauf hinzuweisen, dass es einen Einfluss sowohl auf den Zauberer als auch auf die umgebenden Objekte hat. Es sättigt sowohl die Luft als auch die Brust des Zauberers mit Substanzen, die mit dem Planeten und seinen Dämonen verbunden sind. Es zieht das beschworene Wesen herab und berauscht es gleichsam mit göttlichen Einflüssen, die auf seinen Geist und seine Vorstellungskraft einwirken. Selbstverständlich müssen wir außerdem solche Geräte vorbereiten, die für jede Beschwörung benötigt werden, ohne dass sie irgendeinen Bezug zu einem bestimmten Planeten haben. Zu ihnen gehören Amulette, auf denen die Namen von Seraphs, Cherubim und Thronen sowie Sätze aus der Bibel und den heiligen Büchern Zoroasters eingraviert sind. Zu ihnen gehört weiterhin der magische Leuchter aus Elektrum mit sieben Zweigen, wobei jeder Zweig das Zeichen eines Planeten trägt; und vor allem die Pentagramme, diese Figuren mit feinen Spitzen, über die kein Dämon hinausgehen kann. Letzteren werden wir als Befestigungslinie um den magischen Kreis legen und müssen sicherstellen, dass keiner der Punkte gebrochen wird. Im Kreis zwischen Tisch, siebenarmigem Leuchter und Räucheraltar ist Platz für den Dreifuß mit der Schale mit Weihwasser und der Sprinkleranlage.

„Nachdem wir die notwendigen Vorbereitungen für unser Fest getroffen haben, denken wir an den Gast, der eingeladen werden soll.

„Die Abendluft ist kühl. Ich schließe das Fenster, stelle meine Arbeitslampe an diesen Tisch und bitte Sie, sich darum zu setzen. Wir müssen uns über die Einladung beraten, wobei wir den Anweisungen dieses kabbalistischen Manuskripts folgen müssen.

„Sie haben aus der Tabelle, die ich Ihnen zuerst gezeigt habe, herausgefunden, dass es die Ordnungen der Seraphim, Cherubim und Throne sind, die durch eine Wechselwirkung mit dem Mars verbunden sind. Aber diese drei Ordnungen bilden die höchste himmlische Hierarchie, die ständig in der Gegenwart Gottes bleibt und nicht hierher gerufen werden darf, selbst wenn wir dazu in der Lage wären. Wir können nur um ihre Hilfe bitten. Die Orden der Dominions, Mächte und Imperien sind die einzigen Intelligenzen, die mit den Sternen verbunden sind. Unter ihnen müssen wir uns an die Geister des Mars wenden, da Mars der Regent dieses Jahres, dieses Tages und der beabsichtigten Beschwörung ist. Die Wahl zwischen den vom Mars beherrschten *guten* und *bösen* Geistern ist noch offen; Da es aber nicht unsere Absicht ist, durch Flehen anzurufen, sondern durch Beschwörung zu zwingen, müssen wir uns für die Bösen entscheiden. Das ist keine Sünde, es ist nur Gefahr. Den guten Engeln bereitet es Freude, die Macht des Bildes Gottes über ihre Gegner zu sehen. Aber wir können nicht die gesamte Schar der Marsdämonen dazu zwingen, in unserem Kreis zu erscheinen. Wir müssen *nur einen* aus ihrer Legion auswählen, und dieser muss gut ausgewählt sein. Es ist daher notwendig, seinen Namen zu kennen, denn bei Geistern, weit mehr als bei Menschen und irdischen Dingen, impliziert der Name das Wesen und die Eigenschaften des Genannten. Die Kabbala lehrt uns die unendliche Bedeutung von Wörtern und Namen. Es verkündet und demonstriert die Geheimnisse, die in allen heiligen Namen Gottes liegen; es offenbart uns die Geheimnisse der Engelsbezeichnungen; Es zeigt uns, dass sogar die Namen von Menschen eng mit der Stellung in der Schöpfung und dem zeitlichen Schicksal derer verbunden sind, die sie tragen. Sogar Namen materieller Dinge zeigen, wenn auch weniger deutlich, einen Zusammenhang zwischen dem Klang und dem Ding selbst oder seiner Natur. Wer kann zum Beispiel die Worte „ *Wind* " oder „*Swing*" *hören* , ohne in dem Klang selbst etwas Luftiges oder Schwingendes wahrzunehmen? Wer kann *stehen* und *stark hören* , ohne etwas Stabiles und Festes wahrzunehmen?

„Lasst uns beeilen, den Namen des Dämons herauszufinden, der beschworen werden soll. Sowohl die Astrologie als auch die Kabbala bieten hierfür verschiedene Methoden an. [36] Wählen wir das Einfachste, das vielleicht auch das Effizienteste ist.

„Ich muss unsere Arbeit damit beginnen, die Bedeutung der Zahl 72 hervorzuheben. Dieser Zahl entsprechen die zweiundsiebzig Sprachen, die zweiundsiebzig Ältesten der Synagoge, die zweiundsiebzig Interpreten des Alten Testaments und die zweiundsiebzig Jünger des Alten Testaments unser

Herr. Diese Zahl ist auch eng mit der heiligen Zahl zwölf verbunden. Wenn die zwölf Tierkreiszeichen in sechs Teile unterteilt werden, erhalten wir die zweiundsiebzig sogenannten himmlischen Quinarien , in die die zweiundsiebzig mystischen Namen Gottes, seine „ *Schemhamphoras* ", ihre Kraft einfließen lassen und die jedes von ihnen sind unter dem Vorsitz eines Engelfürsten. Die gleiche Zahl entspricht auch den Gelenken des menschlichen Körpers; und es gibt viele andere Korrespondenzen.

„Nun, während die Kabalisten nach der heiligen inneren Bedeutung der Bibel suchten; Während sie langsam vorgingen, mit dem „Am Anfang" begannen und bei jedem Wort, jedem Buchstaben stehen blieben und in jedem Wort und jedem Buchstaben eine Fundgrube von Geheimnissen fanden, [37] kamen sie schließlich, nach dem Verstreichen von Jahrhunderten , als bis zum 19. Vers im 14. Kapitel des Exodus, beginnend mit: „Und der Engel Gottes, der vor dem Lager Israels ging, stand auf." Die kabalistische Regel, die besagt, dass überall dort, wo in der Bibel von einem Engel die Rede ist, in den hebräischen Buchstaben des Verses auch der Name eines Engels versteckt ist, ermahnte sie zum Innehalten und Nachdenken. Sie hatten zunächst keine Ahnung von der außergewöhnlichen Entdeckung, die sie jetzt machen wollten. Ihre Aufmerksamkeit wurde jedoch durch die Tatsache erregt, dass der Vers (im hebräischen Text) zweiundsiebzig Buchstaben enthielt. Noch überraschter waren sie, als sie herausfanden, dass selbst der folgende Vers, der 20., genau zweiundsiebzig Buchstaben enthielt; und dann verwandelte sich die Überraschung in Ehrfurcht, als sogar der 21. Vers die gleiche Zahl zeigte. In der Bibel gibt es keinen Zufall: Hier war ein großes Geheimnis verborgen. Indem man schließlich die drei Verse Buchstabe für Buchstabe (der mittlere Vers ist von links nach rechts geschrieben, die anderen umgekehrt) übereinander platziert, erhält man die zweiundsiebzig mystischen Namen Gottes, „Schemhamphoras", die jeweils aus drei Buchstaben bestehen, aus den drei *Versen* . wurde entdeckt. Diese mit dem Suffix *el* oder *jah versehenen Namen* sind auch die Namen der zweiundsiebzig quinären Engel, von denen Gott gesagt hat, dass sein Name in ihnen steht.

„Hier in diesem kabbalistischen Manuskript sind diese Namen erhalten. Lassen Sie uns zufällig eine davon auswählen. Mein Blick fällt zufällig zuerst auf *Mizrael* . Das nehmen wir. Dieser hohe Name eines Engels, den wir nicht anrufen dürfen, wird uns den Schlüssel zum Namen des Dämons geben, der bald erscheinen wird. Hier ist die Tabelle, die uns helfen wird. Die drei Wurzelkonsonanten des Wortes *Mizra ( el )* entsprechen drei anderen auf dem Planeten Mars, die den Namen enthalten – lasst uns ihn still aussprechen, lasst uns ihn nur flüstern, denn es ist der Name des gewünschten Dämons – *Tekfael* ! [38]

„Die Summe der Zahlenwerte der Buchstaben in diesem Namen beträgt 488. Eine bemerkenswerte Zahl, jede Zahl erinnert uns an die mystischen *Vier* , an die Elemente und ihre Entsprechungen! Wir werden mit einem der mächtigsten und schrecklichsten Dämonen kommunizieren. Auf die Wachstafel mit Eisenrahmen schreibe ich nun den Namen des Dämons, füge die Zahl 488 hinzu und füge diese seltsamen Striche hinzu, die seine Unterschrift ausmachen. Die Zeit erlaubt es mir nicht, Ihnen jetzt die Regeln zu nennen, nach denen die Signatur aus dem Namen gebildet wird. [39]

„Die Vorbereitungen sind nun abgeschlossen, es bleibt nur noch, den Apparat zu bestellen und uns vorzubereiten. Wenn wir unsere Geräte in Ordnung gebracht, den Raum geweiht, uns durch ein Bad gereinigt, das weiße Gewand angezogen, einen roten Mantel darum gewickelt haben (denn Rot ist die Farbe des Mars), den Gürtel des Mars um unsere Hüften geschnallt haben, angenommen das Diadem, die Brustpanzer und die Ringe, ich entzünde auf dem Altar mein magisches Licht und das Feuer für Räucherwerk und zeichne den magischen Kreis. Dann ein intensives Gebet um den Schutz Gottes, dann die Beschwörung.

„Hier ist das Beschwörungsbuch, der sogenannte Höllenbeschwörer. Ich schlage die Seite auf, auf der die Kampfformeln beginnen. Das Buch wird in den Kreis gelegt. Bei Bedarf greife ich es mit der linken Hand; Ich halte den Stab mit meiner Rechten .“...

Der gotische Raum, in dem die Beschwörung stattfinden sollte, bot einen seltsamen und zugleich feierlichen und schrecklichen Anblick. Der Zauberer hatte mit geübter Hand die zuvor erwähnten Dinge arrangiert. Die Schädel, die Knochen von Menschen und Tieren, die mörderischen Waffen und die kriegerischen Essenzfläschchen, die verschiedenen und unbeschreiblichen Fragmente aus allen Reichen der Natur bildeten am nächsten an den Wänden verschiedene Figuren, Dreiecke, Quadrate und Fünfecke. Über den kahlen Wänden hingen rote Vorhänge. In der Mitte des Raumes und innerhalb des kreisförmig angeordneten Pentagramms befanden sich das Feuer und der Räucheraltar mit Weihwasser. Auf einem Tisch im hinteren Teil, aber teilweise innerhalb des Kreises, brannten die magischen Lichter und verbreiteten ein unsicheres weißlich-gelbes Licht über die Gegenstände. In der Nähe des Leuchters befanden sich die beiden Glocken. Wir waren in unsere Gewänder gekleidet. Das Gesicht meines Begleiters war totenbleich: wahrscheinlich auch meines.

„Mut, Standhaftigkeit! ... oder du bist verloren!“ flüsterte der Zauberer, dessen Augen vor dunkler, feierlicher Entschlossenheit strahlten und dessen jedes Gesicht in diesem Moment eine schreckliche Entschlossenheit ausdrückte.

Dies waren seine letzten Worte vor der Beschwörung. Wir durften nichts antworten. Ich versuchte, mutig zu sein, aber meine Seele wurde von einer schrecklichen Erwartung erschüttert. Die Gebete und religiösen

Zeremonien, die wir nach dem Bad und dem Umkleiden durchgeführt hatten, hatten dieses Gefühl nicht gemindert, sondern nur verstärkt.

Der Nachtwind schüttelte die hinter den schweren Vorhängen verborgenen Fenster. Es schien, als würden Geister aus einer anderen Welt hinter den sanft wehenden Vorhängen lauern.

Sogar die Schädel schienen mir aus ihren eingefallenen, leeren Augen die Ankunft von etwas Entsetzlichem zu verkünden. Einer von ihnen erregte lange Zeit meine Aufmerksamkeit oder übte vielmehr auf mich denselben Einfluss aus, den das Auge der Klapperschlange auf den Vogel haben soll, dem sie sich nähert, um ihn zu verschlingen. Ich bemerkte einen metallischen Glanz im Auge . Es war der Schimmer des Lichts, das von einem im Schädel befestigten Kampfstein reflektiert wurde.

In der Zwischenzeit hatte der Zauberer das blutbefleckte Schwert ergriffen und zeichnete, während er ein Gebet murmelte, einen dreifachen magischen Kreis um das Pentagramm. Zwischen den Kreisen schrieb er die Namen der Engel des Jahres, der Jahreszeit, des Tages und der Stunde. Im Osten machte er das Zeichen *Alpha* , im Westen das Zeichen *Omega* . Dann teilte er den Kreis durch ein Kreuz in vier Felder. Zwei von ihnen, die hinter ihm, teilte er mir und meinen Begleitern zu. Sie waren groß genug, um darauf zu knien. Uns wurde strikt befohlen, sie nicht zu verlassen und nicht einmal eine Falte unserer Mäntel außerhalb des Kreises wehen zu lassen. Eine diesbezügliche Vergesslichkeit würde uns das Leben kosten. Der Zauberer legte sein Schwert in einem Dreieck außerhalb des Kreises beiseite. Er besprengte sich und uns mit Weihwasser, las Formeln über den Weihrauch und die Dornenzweige und zündete sie an. Dies war für uns das Zeichen, uns dem Gebet hinzugeben. Wir dürfen nicht aufhören zu beten, bis wir das erste Wort der Beschwörung gehört haben. Der Weihrauch breitete sich gleichsam wie ein trüber, durchsichtiger Schleier über den Raum aus. Hier und da verdichtete es sich zu seltsamen Figuren: mal menschliche, mal phantastische Tiergestalten erhoben sich an der Gewölbewand und sanken wieder.

In diesen Dampfwolken muss etwas Betäubendes gewesen sein. Ich betrachtete sie in einem halb träumenden Zustand, während meine Lippen unhörbar die befohlenen Gebete wiederholten.

Aus diesem Zustand wurde ich durch das erste Wort des Zauberspruchs erweckt, der meine Seele wie ein Donnerschlag traf und mir das volle Bewusstsein meiner Position und der Bedeutung dieser Stunde weckte. Das Blut in meinen Adern schien sich in Eis verwandelt zu haben.

Der Zauberer stand vor mir, groß, aufrecht und gebieterisch. Er hatte das Beschwörungsbuch genommen und las nun mit hohler Stimme daraus das erste Zitat vor, das mit einer langen Formelsammlung beginnt, in der die verschiedenen mystischen Namen Gottes angerufen werden.

Ich kann das Zitat nicht wiederholen. Das Höchste und das Niedrige, das Göttliche und das Höllische, das, vor dessen Heiligkeit wir eine unbändige Ehrfurcht empfinden und das, vor dessen Gottlosigkeit wir das tiefste Grauen empfinden, vereinten sich hier in den feierlichsten und schrecklichsten Worten, die die menschliche Zunge je gestammelt hat . Nun begann ich zunächst, mir eine Vorstellung von der Macht der Worte zu machen.

Der Name des Dämons wurde noch nicht ausgesprochen. Je näher der Zeitpunkt seiner Aussprache rückte, desto tiefer wurde die Stimme des Zauberers. Jetzt kam die Anrufungsformel, und jetzt – erklang der Name *Tekfael* .

Es schien, als ob ein tausendfaches, aber flüsterndes Echo aus dem Gewölbe darüber, aus den Ecken des Raumes, von allen Schädeln und aus dem Beschwörungsbuch selbst diesen Namen wiederholte.

Der Zauberer verstummte, der Weihrauch verdichtete sich und nahm eine rötliche Färbung an, die nach und nach immer diffuser wurde. Wir schienen den Donner zu hören, zunächst aus der Ferne, dann näher und schließlich über unseren Köpfen hinweg. Es war, als wäre der Turm erschüttert und das Gewölbe über unseren Köpfen zerrissen worden. Meine Knie zitterten. Plötzlich zuckte ein Blitz durch die rote Masse. Der Zauberer streckte seinen Stab aus, als hätte er ihn aufhalten wollen. Er erhob seine Stimme erneut, stark und kraftvoll inmitten der anhaltenden Donnerschläge. Der Rauch wurde wieder dünner; Aus seinen Kränzen erschien vor dem Zauberer in unmittelbarer Nähe des Kreises und am anderen Ende seines Stabes eine undeutliche Erscheinung, eine Gestalt, deren erster Anblick mich meiner Vernunft beraubte . Es kam mir vor, als wäre ich zu Boden gefallen , als wäre ich verloren …

Ich erwachte mit qualvollem Schweiß auf der Stirn, aber glücklicherweise in meinem eigenen Bett und im neunzehnten Jahrhundert. Der Blick aus meinem Fenster ist fröhlich und belebend. Ich sehe einen Fluss mit stolzen Schiffen, Kais voller Menschen und breite Straßen mit Häusern im anmutigen und leichten *Renaissancestil* . Ich lebte wieder in der Gegenwart, die mir neben dem Träumen von der Zukunft am besten gefiel …

Sie strebten jedoch nach etwas Großem, diese gelehrten Zauberer des Mittelalters. Es handelte sich um eine mächtige, fantasievolle Schöpfung. Es liegt in Trümmern und wird nie wieder entstehen; doch die zerfallenen *Trümmer* zeugen vom Glauben an eine allumfassende menschliche Macht und Erkenntnis.

Auch diese gelehrten Zauberer waren ruhelose Faust-Naturen, so verschieden vom üblichen Typus der Gelehrten ihrer Zeit wie der Faust vom pedantischen *Glanz* -stolzen, anspruchslosen Milchschmeichler Wagner. Während sie der Tradition ihren Tribut zollten und ihr System auf der Grundlage erhaltener Dikta bildeten, begannen bei ihnen Vorahnungen der Zukunft zu erwachen und eine Sehnsucht nach einem klareren Licht als dem, das die Scholastiker und Ärzte *angelici et seraphici* empfanden selbst sehr zufrieden. Als das Studium des antiken Griechenlands wieder begann, als die Renaissance *anbrach* , waren es diese begeisterten Naturen, die immer noch in den Träumen der Zauberkunst herumtasteten, die als erste zu erwachen und nachzudenken begannen. Es war ein Gefühl der Unzulänglichkeit der herrschenden Theologie und Scholastik, das sie in den Tempel der „geheimen Philosophie" getrieben hatte. Da ihre Säulen aus verschiedenen Kulturkreisen stammten, waren Misstrauen und Angst vor der Magie eher allgemeingültig als direkt kirchlich geworden; Sie hatten ebenso viel von der profanen Überlieferung getrunken wie von der christlichen, da sie davon ausgingen, dass beide derselben göttlichen Quelle entstammen: Ihre Autoren zitieren Porphyrius an der Seite von Johannes und den Prätendenten Hermes an der Seite von Paulus. Der Mut, mit dem sie versuchten, die Tore der Geisterwelt aufzubrechen, kam ihnen später zugute, als sie sich von den Ufern ihres Kindheitsglaubens aus auf den Ozean der Gedanken wagen sollten. Campanella, Vanini , Giordano Bruno und Cardanus stehen auf der Trennlinie zwischen dogmatisch -phantastischer Magie und einer Philosophie im Sinne der alten Griechen und der Neuzeit. Wenn bereits zuvor einige Magier des alten Typs an den Folgen der Verfolgung gestorben waren, war es nicht verwunderlich, dass nun solche „Atheisten" wie Vanini und Bruno den Thron besteigen mussten.

Die okkulten Wissenschaften des Mittelalters haben ihren Ursprung nicht im Paradies und in der Arche Noah, wie ihre Anhänger glaubten, sondern in einer alten orientalischen Kultur und mit ihrer Macht über selbst die stärksten und unabhängigsten Seelen, die unter dem Einfluss einer Kirche entstehen konnten die alle Gedanken nivelliert, kann diejenigen, die bereit sind, sie zu vergessen, richtig an eine traurige, aber unbestreitbare Wahrheit erinnern: Dass die Menschheit im Laufe vieler und langer Jahrhunderte mit dem aufrichtigsten Glauben umarmen und mit immenser Arbeit ein System aufbauen kann, Dogmen, die ohne zu hinterfragen angenommen wurden und die mehr Falsches als Wahres enthalten, deren hohes Alter ihnen keinen größeren Anspruch auf Gültigkeit verleiht als der Irrtum, der gestern entstand und heute verschwunden ist. Kein besonderer göttlicher Einfluss hat die Generationen davor bewahrt oder wird sie davor bewahren, die Irrtümer zu erben, die geringer sind als die erworbenen Wahrheiten ihrer Vorgänger – kein anderer göttlicher Einfluss, sollte ich sagen, als der Impuls, den wir verspüren, selbst zu denken, um zur Klarheit zu gelangen.

# IV.
# Die Magie des Volkes und der Kampf der Kirche dagegen.

Wo das religiöse Denken das Reich der Welt und der Menschheit in zwei absolut entgegengesetzte Mächte, eine gute und eine böse, teilt, unterscheidet es auch zwei Arten der Magie: die göttliche und die höllische. So auch bei den Persern, die eine weiße und eine schwarze Magie kannten. So auch im Mittelalter des Christentums. Die Griechen hingegen wussten nichts von diesem Unterschied. Da die Welt für sie ein harmonisches Ganzes war, sowohl in moralischer als auch in physischer Hinsicht, war Magie für sie nur ein Mittel, um die geheimen Kräfte im harmonischen Kosmos herauszufinden und zu nutzen; und der Wundertäter, von dem nicht angenommen werden konnte, dass er seine Kräfte aus einer bösen Quelle bezog, war zweifellos ein Günstling der Götter und auf Augenhöhe mit den Helden, nicht unwürdig von Statuen und Tempeln, wenn er seine Kunst zum Wohle von einsetzte Menschheit. Im Übrigen wurde die magische Spekulation bei den Griechen von der Philosophie, vom Skeptizismus und der rationalen Forschung immer mehr verdrängt , bis sie nach dem Tod Alexanders aufgrund der engeren Berührung zwischen Europa und Asien wieder anfing, ihren Einfluss auszuüben und feierte schließlich seinen Triumph in jener dualistischen Religionsform, die unter dem Namen Christentum das Abendland eroberte.

Der Kampf, den der Geist des Orientalismus auf seinem Marsch durch Europa zunächst gegen das hellenische Heidentum und dann gegen das in die Kirche selbst eingedrungene christliche Heidentum führte, wurde oben kurz skizziert. Als sich das Christentum später unter den germanischen und slawischen Völkern ausgebreitet hatte, entstand ein neuer Prozess der Anziehung und Abstoßung zwischen ihm und den Naturreligionen der Barbaren, deren Elemente teils mit ihm vermischt, teils von ihm abgestoßen wurden. Die Götter wurden in Teufel verwandelt, aber ihre Eigenschaften und die Feierlichkeiten zu ihren Ehren wurden auf die Heiligen übertragen. Papst Gregor der Große verfügte, dass die heidnischen Feste nur schrittweise in christliche umgewandelt und in vielerlei Hinsicht nachgeahmt werden sollten. [40]

Zur Zeit Bonifatius gab es in Deutschland viele christliche Priester, die Thor opferten und gleichzeitig auf den Namen Jesu tauften. Von besonderem Einfluss auf die rasche Verbreitung des Christentums war die Maxime Gregors, bei der Auswahl der Proselyten nicht wählerisch zu sein, denn die Hoffnung sollte auf die besseren Generationen der Zukunft gesetzt werden. Um am Gottesdienst teilnehmen und auf dem Kirchhof begraben werden zu dürfen, war lediglich die Segnung des Priesters erforderlich. Geschenke an die Kirche, Pilgerfahrten, Selbstgeißelungen und das Wiederholen lateinischer Gebete öffneten den Proselyten die Tore des Himmels leichter als Tugend und Tapferkeit den Heiden die von Walhall . Im Übrigen konnte der Heide in die Gemeinschaft der Kirche eintreten und dabei seinen gesamten Ideenkreis behalten. Die Kirche leugnete die wirkliche Existenz aller Dinge , die Gegenstand seines Glaubens gewesen waren, nicht, sondern bestätigte sie, aber sie behandelte diese Objekte gemäß ihrem dualistischen Schema, indem sie sie manchmal auf die Ebene der Heiligkeit erhob und sie wieder herabsetzte zu etwas Teuflischem. So verwandelte es beispielsweise die Elementargeister, an die die Kelten und Germanen glaubten, von guten oder moralisch gleichgültigen Naturwesen in gefallene Engel, die den Menschen um sein himmlisches Erbe beneideten; und wenn ein denkender Heide früher nach Belieben die Existenz solcher Wesen annehmen oder ablehnen konnte, so wurde es jetzt, da er ein Proselyt geworden war, zu einer Angelegenheit ewiger Glückseligkeit, an sie zu glauben. Es gab keine abergläubische Idee, die grob genug war, um nicht das Siegel der Kirche zu erhalten; ja, je gröber es war, desto wahrscheinlicher war es, dass es angeeignet wurde. Selbst ein so kultivierter Intellekt wie Augustinus, der bedeutendste Väter und Autor seiner Zeit, erklärte es für „unverschämt", an der Existenz von Faunen, Satyrn und anderen dämonischen Wesen zu zweifeln, die auf Frauen lauern und mit ihnen Geschlechtsverkehr haben und Kinder von ihnen. [41] Damit wurde der Grundstein für das riesige Labyrinth des Aberglaubens gelegt, in dessen Dunkelheit die Menschheit während der tausend Jahre des Mittelalters tappte.

Im Bruch zwischen der Kirche und der natürlichen Religion der nördlichen Völker wiederholt sich gewissermaßen das gleiche Schauspiel, das wir im Kampf zwischen der christlichen und der griechisch-römischen Kultur gesehen haben. Während die Neuplatoniker ihren Appolonius von Tyana als Vorbild für die christlichen Zauberer hielten, hatten auch Kelten, Germanen und Nordmänner ihre Wahrsager mit übernatürlichen Kräften ausgestattet, die die christlichen Missionare in der Fähigkeit, Wunder zu wirken, übertreffen mussten, wenn sie dafür Beachtung finden wollten neue Religion. Es gibt viele Berichte über Bischöfe und Priester, die vor den Augen der erstaunten Heiden feurige Handschuhe trugen, auf weißglühendem Eisen gingen usw. Wenn die Wunder, die von den Aposteln des Christentums gewirkt wurden, ihren Ursprung in göttlichen Kräften hatten, dann müssen die Wunder, die von seinen Gegnern vollbracht wurden, ihren Ursprung in der Hilfe des Teufels haben. Schon hier stand die weiße Magie im Gegensatz zur schwarzen Magie, der unmittelbaren und übernatürlichen Macht Gottes in seinen Agenten für den Teufel: und wenn die Hauptbedeutung der Kirche darin bestand, eine Institution zur Befreiung vom Teufel zu sein; Wenn all ihre magischen Anwendungen, vom Sakrament bis zum Amulett, so viele

Waffen gegen seine Angriffe wären; wenn die heidnischen Religionen, die dem Christentum erlegen waren, nichts anderes als verschiedene Arten derselben *Teufelsanbetung wären* und ihre Priester, Seher und Ärzte nur Werkzeuge Satans wären; Dann war es selbstverständlich, dass alle Traditionen aus der heidnischen Zeit, die die Kirche nicht umgestaltet und angeeignet hatte, in den Bereich der Teufelsanbetung verbannt wurden, und teilweise auch, dass jede Handlung, der übernatürliche Wirkungen zugeschrieben wurden, die aber nicht von einem ausgeführt wurde Christliche Priester, bzw. im Namen Jesu, sollten auf eine schwarze Magie verwiesen werden, teilweise auch darin, dass die Möglichkeit einer unmittelbaren Zusammenarbeit, eines bewussten Bündnisses zwischen Teufel und Menschen zum Dogma erhoben werden sollte.

Ein Kampf zwischen Gut und Böse, zwischen Gott und Satan, zwischen Kirche und Heidentum, der mit den Waffen der Wunder von zwei direkt entgegengesetzten menschlichen Vertretern dieser Prinzipien geführt wird, war ein Thema, in das zwangsläufig die Kraft der schöpferischen Vorstellungskraft getrieben werden musste Aktivität, und wir finden auch in einem der ältesten Denkmäler der christlichen Literatur [42] eine Geschichte dieser Art. Es ist Simon Petrus, der Fels, auf dem die Kirche gebaut ist, der dort gegen Simon, den Zauberer von Samaria, kämpft, der in der Apostelgeschichte erwähnt wird. Als die Städte Kleinasiens Zeuge ihres Wunderwerks geworden waren, wurde in Rom die entscheidende Schlacht bis zum Ende ausgefochten. Im Beisein der versammelten Menschen versucht Simon, der Magier, in den Himmel aufzusteigen, stürzt jedoch und bricht sich die Beine, weil Simon Petrus den bösen Geistern, die den Magier in den Himmel trugen, befohlen hatte, ihn fallen zu lassen. Diese Fabel wird von späteren kirchlichen Autoren noch weiter ausgeschmückt. Es wird bald von anderen begleitet, wie dem von Cyprianus , Theophilus, Militaris , Heliodorus und vielen anderen, die aus Liebe zur irdischen Herrlichkeit Christus abschwören und feierliche Bündnisse mit dem Teufel eingehen. In der Biographie des heiligen Basilius , Erzbischof von Cäsarea und Kappadokien (er war ein Zeitgenosse des abtrünnigen Kaisers Julian), gibt es die Geschichte eines jungen Mannes, der von einem heidnischen Zauberer ein Empfehlungsschreiben an Satan erhalten hatte. Als der junge Mann nach der Anweisung des Zauberers zu einem heidnischen Grab gegangen war und dort den Brief herausgeholt hatte, wurde er plötzlich hochgehoben und an den Ort getragen, wo Satan, umgeben von seinen Engeln, auf einem Thron saß. Der Jugendliche verzichtete schriftlich auf seine Taufe und schwor seinem neuen Herrn die Treue. Doch nach einiger Zeit bereute der Abtrünnige und gestand dem heiligen Basilius , was er getan hatte. Der Bischof betete vierzig Tage lang für ihn. Als schließlich der Tag gekommen war, an dem Satan gemäß dem Pakt sein Opfer wegtragen sollte, ließ der Bischof den jungen Mann in die Mitte seiner Gemeinde stellen. Satan kam:

Es folgte ein Kampf zwischen ihm und dem Bischof – ein Kampf, der weitergeführt wurde, während das Volk seine Hände ausstreckte und Gott um Beistand anflehte, und der endete, als der Pakt aus den Klauen des Unholds fiel und vom Bischof zerrissen wurde . Der oben erwähnte Theophilus hatte ebenfalls seine Seele dem Teufel verpfändet, aber der Vertrag wurde ihm nach dringendem Flehen von der heiligen Jungfrau zurückgegeben, woraufhin er, durch seine Erfahrung gewarnt, ein heiliges Leben führte und vor ihm zum Heiligen Theophilus wurde schloss die Augen. Diese frühen Legenden über Verträge zwischen dem Teufel und den Menschen enden, wie wir sehen, mit der Erlösung des Sünders; nicht so später. Wenn wir uns jetzt daran erinnern, dass es eines der von der Kirche verkündeten Dogmen war, dass alle magischen und wundersamen Künste, die nicht von den Priestern im Namen Jesu ausgeführt wurden, vom Teufel gewirkt wurden; Dass er seinen Anhängern Macht über die Natur verleiht und dass die Dämonen als „ *Inkubi* “ und „ *Sukkubi* “ den fleischlichen Verkehr mit den Menschen suchen und erlangen, [43] entdecken wir bereits in den Vorstellungen der ersten christlichen Jahrhunderte die Elemente der Zauberei des Mittelalter. Und wenn wir weiter die Anschuldigungen lesen, die die ersten christlichen Sekten gegeneinander schleuderten, wenn wir erfahren, dass die Partei, die durch das Konzil von Nizza zur orthodoxen Position erhoben wurde, die Gnostiker, Marcioniten und Arianer der Teufelsanbetung und der Konföderation mit ihnen beschuldigte Satan und Zauberei, wir treffen hier bereits auf die Vereinigung von Häresie und Zauberei, durch die die Kirche des Mittelalters eine so schreckliche Waffe gegen Andersdenkende erlangte – eine Vereinigung, die nicht als bloße zufällige Erfindung der Bosheit und des theologischen Hasses angesehen werden darf. sondern als notwendige Konsequenz der gesamten dualistischen Moraltheorie, als notwendige Frucht des Teufelsglaubens.

Es muss lange gedauert haben, bis die den Naturreligionen Europas gemeinsamen Feste ausstarben oder in christliche Formen umgewandelt wurden. Die äußeren Praktiken, durch die religiöse Ideen einen sinnlichen Ausdruck erlangen, besitzen im Allgemeinen eine zähere Daseinskraft als die Ideen selbst und bestehen weiter, wenn diese verschwunden sind, wie die Hülle nach dem Tod des Nautilus. In bestimmten Religionen der natürlichen Entwicklung stehen die Verehrung der Sonne und des Mondes im Vordergrund. Bei den keltischen, germanischen und slawischen Stämmen sowie zuvor bei den Hebräern und Phöniziern wurden diese Lichtgottheiten durch das Anzünden von Feuern, durch Opfer und Bankette auf Bergen und in Hainen verehrt, insbesondere zur Zeit der Frühlings-Tagundnachtgleiche (Ostern). Anfang Mai ( Walpurges Nacht) und in der Nacht der Sommersonnenwende. Aus der Tatsache, dass Spuren dieses Brauchtums auch heute noch existieren, obwohl seine ursprüngliche Bedeutung verloren gegangen ist, können wir umso sicherer annehmen, dass er ununterbrochen weiterlebte, zunächst offen, dann im Verborgenen, und seine Bedeutung im Laufe der Zeit behielt trotz der Bemühungen geistlicher und profaner Autoritäten, es auszurotten, und nimmt im Volksbewusstsein immer mehr den Charakter der Teufelsanbetung an, mit dem die Kirche diese Erinnerungen aus heidnischen Zeiten gebrandmarkt hat. Und als es schließlich ganz aufhörte oder in Zeiten volkstümlicher Feste umgewandelt wurde, die selbst in den Augen der Kirche keine gefährliche Andeutung hatten, muss die Erinnerung an die dämonischen Feste der Berge und Haine dennoch von Generation zu Generation weitergegeben worden sein, und zwar von Generation zu Generation Es war nur ein weiterer Schritt zu der Annahme, dass sie immer noch existierten und dass Personen daran teilnahmen, die magische Künste praktizierten und mit der verdächtigen Weisheit der alten Valas und Druiden ausgestattet waren – der Seherinnen und Ärzte der Heiden. Dass die Vorstellung vom Hexensabbat, der in der Nacht vor dem 1. Mai gefeiert wurde, und von der österlichen Reise der Hexen nach Blokulla diesen historischen Ursprung haben, ist sehr wahrscheinlich. Die kirchliche Literatur aus der ersten Hälfte des Mittelalters lässt uns nicht ohne bedeutsame Hinweise zurück, die diese Meinung offenbar bestätigen. Der heilige Ägidius , der im Jahr 659 N. CHR. starb , spricht sich häufig gegen die in Mittsommernächten praktizierte *Feueranbetung aus, die, wie sie von heidnischen Vorfahren übernommen wurde* , mit Tanz begleitet wurde, und gegen die Anrufung von Sonne und Mond (die er „die Dämonen" nennt). Herkules und Diana") und gegen die Anbetung in Hainen und an Bäumen, Quellen und Kreuzungen. Der Apostel der Allemanen , der heilige Firminus , der 754 n. CHR. starb , predigt gegen dieselben Bräuche und geht besonders auf die Hartnäckigkeit ein, mit der alte Frauen mit ihren magischen Liedern und Tänzen an den höllischen Festen festhalten. Moderne Autoren zu diesem Thema sprechen von einem *Synodalerlass , der auf das Konzil von Ancyra im Jahr 314 n.* CHR. zurückgehen soll und den Bischöfen vorschreibt, besonders auf die gottlosen Frauen zu achten, die, getäuscht von den Wahnvorstellungen der Dämonen, sich das einbilden Sie durchqueren nachts in Begleitung von Diana und Herodias und auf bestimmten Tieren reitend weite Landstriche und müssen sich auf Befehl ihrer Herrin für eine bestimmte Anzahl von Nächten versammeln. Aber obwohl dieser Synodenbeschluss gefälscht ist und aus einer viel späteren Zeit und einem anderen Ort stammt (er wird zum ersten Mal im 9. Jahrhundert in einem vom Abt Regino verfassten Werk erwähnt [44]), ist er alt genug, um dies zu bestätigen verdienen hier unsere Aufmerksamkeit. Dem Dekret sind eine Reihe von Fragen beigefügt, die die Bischöfe solchen Frauen bei der Beichte stellen müssen. Darunter sind die folgenden, die die Hexenreise unmittelbar mit heidnischen Überlieferungen verbinden:

„Haben Sie die von den Heiden übernommene Praxis befolgt, den Lauf der Sterne, des Mondes und der Neumondfinsternisse zu berücksichtigen? Und

haben Sie sich vorgestellt, dass Sie mit dem Ausruf „Erobere, Mond" ( *vince
, Luna* ) sein Licht reproduzieren könnten? Haben Sie, wenn Sie beten
wollten, andere Orte als die Kirche aufgesucht, zum Beispiel Quellen, Steine,
Bäume oder Kreuzungen? Habt ihr dort Feuer angezündet und Brot geopfert
oder sonst etwas?"

N. CHR. starb , schreibt von Frauen, die unter der Führung einer
„Nachtkönigin" Bankette versammeln und feiern, bei denen sie Kinder, die
aus ihren Wiegen gestohlen wurden, am meisten genießen. Er ging immer
noch davon aus, dass dies nicht wirklich eine Tatsache sei, sondern nur
dämonische Illusionen, phantasmagorische Streiche des Teufels und leere
Träume, zumal solche Dinge bei Frauen passieren und nicht bei Männern,
die einen stärkeren Verstand besitzen. Die gleiche Ansicht zu diesem Fall
vertritt Wilhelm von der Auvergne, Bischof von Paris (gestorben 1248 n.
CHR .). Aber bereits zu Lebzeiten dieses Prälaten wurde der Glaube an die
Realität von Hexenfesten durch die Autorität von Papst Gregor IX.
sanktioniert und jeder Zweifel daran als Ketzerei erklärt.

Gleichzeitig wurde der Zusammenhang zwischen Häresie und Hexerei von
der Kirche wiederbelebt und bestätigt, so dass alle Ketzer als geschworene
Untertanen des Teufels betrachtet und in die Zauberei eingeweiht wurden,
auch wenn nicht alle Zauberer und Hexen notwendigerweise Ketzer waren.
Die Kirche war zu dieser Zeit von mehreren neu entstandenen Sekten
bedroht und griff zu allen Mitteln, um ihre Hierarchie und die Einheit des
Bekenntnisses aufrechtzuerhalten. Im Jahr 1223 ernannte Gregor IX.
veröffentlichte einen Brief, der zu einem Kreuzzug gegen die Stedinghs
aufrief , eine Sekte, die sich in Friesland und Niedersachsen ausgebreitet
hatte. Er beschuldigte sie, den Fürsten der Finsternis anzubeten und heimlich
mit ihm Gemeinschaft zu haben. Gemäß dem päpstlichen Erlass
betrachteten die Stedinghs den Teufel als die wirkliche und gute Gottheit, die
vom anderen und dem Bösen aus dem Himmel vertrieben wurde, aber mit
der Zeit dorthin zurückkehrte, als der Usurpator aufgrund seiner extremen
Tyrannei, Grausamkeit und Ungerechtigkeit hatte sich bei der
Menschenrasse verhasst gemacht und war schließlich von seiner eigenen
Unfähigkeit und Machtlosigkeit überzeugt. In Wahrheit wäre es nicht seltsam
gewesen, wenn ein solcher Glaube entstanden wäre. Überall war die Macht
und der Einfluss des Teufels zu sehen, aber nirgendwo die Macht Gottes,
außer in den blutigen und schrecklichen Gesetzen und dem
unterdrückerischen Gesellschaftssystem, die von geistlichen und profanen
Autoritäten für göttlich erklärt wurden. Die Theorie, mit der die Kirche Gott
seine Allmachtseigenschaft zu bewahren versuchte – die Theorie der
Zustimmung, nach der der Teufel diese Macht nur mit Gottes Erlaubnis
ausübt –, diese Theorie war geeignet, die Verwirrung und den Schrecken zu
verstärken. „Noch nie", sagt Bunsen, [45] „gab es eine Zeit, in der man so

sehr an einer göttlichen und universalen Regierung verzweifelte wie im Mittelalter." Bunsen neigt zu der Ansicht des französischen Historikers Michelet, dass vom 13. bis zum 15. Jahrhundert, nachdem die Waldenser und Albigenser in Frankreich durch römische Verfolgung ausgerottet und die Unterschicht zu Leibeigenen degradiert worden waren, eine Religion der Verzweiflung entstand Es entstand ein echter satanischer *Kult* , und der Hexensabbat beruhte tatsächlich auf nächtlichen Versammlungen, in denen sich Tausende brutaler, von Elend und Unterdrückung getriebener Männer versammelten, um den Teufel anzubeten und um seine Hilfe zu bitten. Es gibt jedoch keine absolut sichere historische Tatsache, die beweisen könnte, dass solche Treffen tatsächlich stattgefunden haben. Wir halten es, wie oben dargelegt, für wahrscheinlicher, dass der Hexensabbat sozusagen die anhaltende, immer tiefer werdende und immer in ungeheuerlichere Farben gemalte Dämmerung nach dem Tag der entwürdigten Feste in der Naturreligion war Incubus der Fantasie, der den Schoß der in einer Welt der Träume begrabenen Menschheit bedrückte; und dass nichts weiter als der Glaube an seine Realität, den die Kirche sanktionierte, notwendig war, um die von uns beschriebenen Phänomene hervorzurufen. Die Waldenser und Albigenser wurden wie die Stedinghs behandelt . „Lassen Sie die Richter wissen", schreibt ein Inquisitor, „dass die Zauberer, Hexen und Teufelsarbeiter fast alle Waldenser sind." Die Waldenser sind von Beruf, im Wesentlichen und formal, Teufelsarbeiter; und obwohl nicht alle Beschwörer sind, haben Beschwörung und Waldensertum dennoch viel gemeinsam." Die höchsten Autoritäten der Kirche nährten ständig die Ehrfurcht vor dem Teufel und seinen Werkzeugen, die den Geist erfüllte, und sie konnten dies ohne Skrupel tun, da sie selbst von demselben Schrecken erfasst wurden. So Johannes XXII. veröffentlichte im Jahr 1303 n. CHR . zwei Briefe, in denen er sich darüber beklagt, dass er selbst und nicht weniger als unzählige seiner Schafe durch die Künste von Zauberern, die Teufel in Spiegel und Ringe schicken und Menschen töten konnten, in Lebensgefahr gerieten allein durch ihre Worte. Er erwähnt insbesondere, dass seine Feinde ihn zu töten versuchten, indem sie Puppen, die sie mit seinem Namen getauft hatten, mit Nadeln durchbohrten und dabei die Hilfe des Teufels anriefen. Es erübrigt sich, darauf hinzuweisen, welchen Einfluss solche Verkündigungen des Stellvertreters Christi, des unfehlbaren Oberhaupts der Kirche, auf die allgemeine Meinung ausüben würden. Die dualistische Philosophie entwickelte sich immer weiter, bis im 15. Jahrhundert die schreckliche Krise ausbrach. Dieser Krise gingen der Prozess gegen die Templer und mehrere große, aber lokale Hexenprozesse mit anschließenden Hinrichtungen voraus, bis schließlich am 5. Dezember 1484 die Bulle von Papst Innozenz VIII. „Ad forturan rei memoriam" erschien . Dieser vom Mönch und Inquisitor Sprenger komponierte Stier mit seinem Begleiter, dem „Hexenhammer" (Malleus Malificarum ), brachte das Böse auf seinen Höhepunkt. Die Hölle war nicht mehr nur ein Produkt der Fantasie: Wir sehen, wie sie sich in der schrecklichen Realität auf der Erde etabliert und ihre Herrschaft über die gesamte Christenheit ausdehnt.

Unser Platz erlaubt es uns nicht, diese Bulle von Papst Innozenz in einer wörtlichen Übersetzung wiederzugeben, die in einem barbarischen Latein verfasst ist, das ihrem Thema würdig ist. [46] Wir müssen jedoch einige Angaben zu seinem Inhalt machen. „Der Leibeigene der Leibeigenen Gottes" bezeugt zunächst die Sorgfalt, die er als Hüter der Seelen aufbringen muss, um das Wachstum des katholischen Glaubens zu fördern und die Schande der Häresie aus der Nähe der Gläubigen zu vertreiben. „Aber", fährt er fort, „nicht ohne tiefe Trauer habe ich kürzlich erfahren, dass Menschen beiderlei Geschlechts, die ihr eigenes ewiges Wohlergehen vergessen und vom katholischen Glauben abweichen, sich mit Teufeln, mit Inkuben und Sukkuben vermischen und durch Hexen *Schaden* anrichten . " Lieder, Beschwörungen und andere schändliche Praktiken, Schwelgereien und Verbrechen, die ungeborenen Kinder der Frauen, die Jungen der Tiere, die Ernten der Felder, die Trauben der Weinberge und die Früchte der Bäume; dass sie auch Männer, Frauen, Schafe und Rinder, Weinberge, Obstgärten, Wiesen und dergleichen zerstören, ersticken und vernichten; Besuchen Sie Männer, Frauen, Rinder und andere Tiere mit inneren und äußeren Schmerzen und Krankheiten; hindert Männer an der Zeugung und Frauen an der Empfängnis und macht sie völlig ungeeignet für ihre gegenseitigen Pflichten und veranlasst sie dazu, mit frevelhaften Lippen sogar den Glauben zu widerrufen, den sie in der Taufe empfangen haben geliebte Söhne, die Theologieprofessoren Henry Institor und Jacob Sprenger, zu Hauptinquisitoren mit absoluter Macht über alle Bezirke, die mit diesen Krankheiten verseucht sind; Und da er weiß, dass es Personen gibt, die sich nicht schämen, auf ihrer perversen Behauptung zu beharren, dass solche Verbrechen nur eingebildet seien und nicht bestraft werden sollten, droht er ihnen, unabhängig von ihrer Position oder Würde, mit den härtesten Strafen, falls sie es tun wagen, den Inquisitoren in irgendeiner Weise entgegenzuwirken oder sich zugunsten des Angeklagten einzumischen. Schließlich verkündet er, dass keine Berufung von den Tribunalen der Inquisitoren an andere Gerichte, nicht einmal an den Papst selbst, zulässig sein werde. Die Inquisitoren und ihre Assistenten sind mit uneingeschränkter Macht über Leben und Tod ausgestattet und werden ermahnt, ihren Auftrag mit Eifer und Strenge zu erfüllen.

Weitere Hinweise darauf, wie die Richter im Hexenprozess vorgehen sollen, enthält die Bulle nicht. Dem „Hexenhammer" wurde gestattet, eine eigene Verfahrensnorm festzulegen. Es ist wichtig, hier einen Überblick über den Inhalt dieses Buches zu geben, da es zu einer juristischen Autorität wurde, die in allen Ländern, sogar in den protestantischen, bis nach Beginn des 18.

Jahrhunderts befolgt wurde. Der Zeitgeist lässt sich nicht besser charakterisieren als durch dieses Buch; Auf keine klarere und greifbarere Weise kann gezeigt werden, wohin übernatürliche Ideen in der kosmischen Philosophie führen werden und wie sie schließlich Vernunft, Moral, menschliches Gefühl zerstören und die Welt in ein Irrenhaus verwandeln werden.

Neues und Unerprobtes einführt, sondern dass seine Theorien vollständig auf dem basieren Schriften. Um dies zu beweisen , zitiert er Passagen aus dem Alten und Neuen Testament, aus den Vätern, den Konzilsbeschlüssen, den kanonischen Briefen, aus den Schriften von Thomas von Aquin, Damianus und anderen. Der Teufel, sagt der „Hexenhammer", hat tatsächlich keine Macht, Naturgesetze außer Kraft zu setzen, aber die Bibel zeigt unbestreitbar, dass Gott ihm eine weite Herrschaft über die natürlichen Kräfte körperlicher Dinge gewährt hat. Erleben Sie nur die Geschichte Hiobs und die Versuchung Jesu in der Wüste. Darüber hinaus beweist die Existenz der vielen Dämonen, von denen im Neuen Testament die Rede ist, dass Satan im Menschen wohnen und den menschlichen Körper als sein Werkzeug nutzen kann. „Aber", sagt der „Hexenhammer", der stets darauf bedacht ist, alle seine Schlussfolgerungen scheinbar aus der Logik abzuleiten, „dürfe es keine Verwechslung zwischen Dämonen und Hexen geben." Die Existenz des ersteren beweist nicht die Existenz des letzteren; Dies muss auf andere Weise nachgewiesen werden. Und das ist der Beweis: Der Teufel als geistiges Wesen ist zu einem echten körperlichen Kontakt nicht fähig. Er muss sich daher eines Instruments bedienen, dem er seine Macht verleiht; denn jede körperliche Wirkung entsteht durch Berührung. Diese Instrumente sind die Zauberer und Hexen. Da einerseits unbestreitbar ist, dass die Macht des Teufels groß ist, und andererseits, dass er ohne die Hilfe von Zauberern und Hexen nichts erreichen kann, ist die notwendige Schlussfolgerung, dass diese existieren müssen. Diese Schlussfolgerung wird im Übrigen durch die Bibel am deutlichsten bestätigt. Moses verfügt , dass Hexen getötet werden sollen, ein Befehl, der völlig überflüssig wäre, wenn es keine Hexen gegeben hätte. Wer behauptet, dass es keine Hexen gibt, muss daher zu Recht als Ketzer angesehen werden."

Der „Hexenhammer" wirft dann die Frage auf, warum Frauen besonders süchtig nach Zauberei sind, und antwortet darauf wie folgt: Die heiligen Väter haben oft gesagt, dass es drei Dinge gibt, die weder im Guten noch im Bösen Maß haben: die *Zunge* , ein *Priester* und eine *Frau* . Bei der Frau ist dies offensichtlich. Alle Altersgruppen haben Beschwerden gegen sie eingereicht. Der weise Salomo, der selbst von Frauen zum Götzendienst verführt wurde, hat in seinen Schriften dem weiblichen Geschlecht oft ein trauriges, aber wahres Zeugnis gegeben; und der heilige Chrysostomus sagt: „Was ist die Frau anderes als eine Feindin der Freundschaft, eine unvermeidliche Strafe, eine notwendige Hürde, eine natürliche Versuchung, ein begehrenswertes Leiden, eine ständig fließende Quelle von Tränen, ein böses Werk der Natur, das mit einem glänzenden Lack bedeckt ist?" " Die erste Frau hatte bereits eine Art Pakt mit dem Teufel geschlossen; sollten ihre Töchter es dann nicht auch tun? Das Wort *femina* (Frau) selbst bedeutet *„jemand, dem es an Glauben mangelt"*. for *fe* bedeutet „Glaube" und *minus* „weniger". [47] Da sie aus einer krummen Rippe geformt wurde, war ihre gesamte spirituelle Natur verzerrt und neigte mehr zur Sünde als zur Tugend. Wenn wir hier die Worte von Seneca vergleichen: „Eine Frau liebt oder hasst; Es gibt keine dritte Möglichkeit." Es ist leicht zu erkennen, dass sie, wenn sie Gott nicht liebt, zum entgegengesetzten Extrem greifen und ihn hassen muss. Es ist daher klar, warum vor allem Frauen von der Ausübung der Zauberei abhängig sind. [48]

Man könnte sich nun fragen: Wie ist es möglich, dass Gott Zauberei zulässt? Der „Hexenhammer" antwortet, dass Gott den Fall der Engel und unserer Ureltern ohne Beeinträchtigung seiner Vollkommenheit zugelassen hat; und wie er früher die Christenverfolgungen sanktionierte, um den Ruhm des Märtyrers zu erhöhen, so lässt er jetzt auch die Zauberei zu, damit der Glaube der Gerechten stärker zum Ausdruck komme.

Das Verbrechen der Hexen übertrifft alle anderen. Sie vereinen in einer Person den Ketzer, den Abtrünnigen und den Mörder. Der „Hexenhammer" beweist, dass sie schlimmer sind als der Teufel selbst, denn er ist ein für alle Mal gefallen, und Christus hat nicht für ihn gelitten. Der Teufel sündigt also nur gegen den Schöpfer, die Hexe jedoch sowohl gegen den Schöpfer als auch gegen den Erlöser.

Mit diesen und ähnlichen Fragen beschäftigt sich der erste Teil des „Hexenhammers". Der zweite Teil, der die verschiedenen Arten und Auswirkungen der Hexerei und die Feier des Hexensabbats beschreibt, wird mit einem Bericht über die Macht der Hexen eingeleitet. Sie erzeugen Hagel, Donner und Sturm, wann immer sie wollen; sie fliegen durch die Luft von einem Ort zum anderen; sie können sich auf der Folterbank bewusstlos machen; Sie bezwingen oft den Geist des Richters durch Zauber und *verwirren ihn durch Mitleid* ; sie berauben Menschen und Tiere ihrer Fortpflanzungsfähigkeit; sie können das Abwesende sehen und kommende Ereignisse vorhersagen; Sie können nach Belieben die Herzen der Menschen mit unerbittlichem Hass und leidenschaftlicher Liebe erfüllen. Sie zerstören den Fötus im Mutterleib, verursachen Fehlgeburten, verwandeln sich und andere in Katzen und Werwölfe; nein, sie sind in der Lage, Menschen und Tiere allein durch ihr Aussehen zu verzaubern und zu töten. Ihre größte Leidenschaft ist es, das Fleisch von Kindern zu essen; Dennoch essen sie nur ungetaufte Kinder. Wenn sie zu irgendeinem Zeitpunkt ein getauftes Kind nehmen, geschieht dies aufgrund einer besonderen göttlichen Konzession.

Ihr Vertrag mit dem Teufel ist zweierlei Art: entweder ein feierlicher Vertrag mit allen Formalitäten oder ein rein privater Vertrag. Ersteres wird wie folgt abgeschlossen: Die Hexen versammeln sich an einem vom Teufel bestimmten Tag. Er erscheint in der Versammlung, ermahnt sie zur Treue, verspricht ihnen Ruhm, Glück und ein langes Leben und befiehlt den älteren Hexen, die Novizen vorzustellen, die er auf die Probe stellt und den Treueeid leisten muss; Daraufhin lehrt er sie, aus den Gliedmaßen neugeborener Kinder Hexentränke und Hexensalben herzustellen, überreicht ihnen ein Pulver und erklärt ihnen, wie es zur Schädigung von Menschen und Tieren verwendet werden soll. [49] Wenn die Novizin dann am nächsten Hexensabbat die Treuezeremonie erneuert hat, ist sie eine echte Hexe. Die für die Hexenkessel und die Sabbatmahle benötigten Kinder werden wie folgt beschafft: Die Opfer werden durch Blicke oder durch das oben erwähnte Pulver getötet, wenn sie in der Wiege oder im Bett bei ihren Müttern liegen. Einfache Menschen werden dann glauben, dass sie aus irgendeinem natürlichen Grund gestorben sind , nämlich durch Krankheit oder Erstickung. Bei der Beerdigung stehlen die Hexen sie dann aus dem Grab. Es kam vor, dass Richter nach ähnlichen Geständnissen das Grab öffneten und das Kind darin fanden; aber in solchen Fällen muss der Richter bedenken, dass der Teufel ein großer Zuchtmeister ist, der möglicherweise die Augen der Diener der Gerechtigkeit betrogen hat, um seine Diener zu schützen, und in einem solchen Fall das Geständnis der Hexe (durch Folter von ihr erzwungen). ) sollte mehr beweisen als die leicht zu täuschende Vision des Richters. [Was für ein Triumph übernatürlicher Argumentation!]

Die Hexe vollbringt ihre Flugreisen, sagt der „Hexenhammer", indem sie ein Gefäß, einen Besen und einen Rechen, einen Besenstiel und ein Stück Leinen mit der Hexensalbe beschmiert; Dann erhebt sie sich und bewegt sich durch die Luft, sichtbar oder unsichtbar, je nach ihrer Wahl. Der „Hexenhammer" erinnert diejenigen, die an diesen Flugreisen zweifeln, an Matt. iv. 5, wo erzählt wird, wie der Teufel Jesus durch die Luft zur Spitze des Tempels trug.

Wir gehen nun zum dritten Teil des „Hexenhammers" über, dem Strafrecht der Hexengerichte, das Anweisungen gibt, wie „Zauberer, Hexen und Ketzer sowohl vor geistlichen als auch vor zivilen Gerichten abzuurteilen sind".

In Bezug auf vorläufige Verfahrensformen legt der „Hexenhammer" zunächst fest: „Der Prozess kann ohne vorherige Anklage und auf der Grundlage einer einfachen Meldung, dass irgendwo Hexen gefunden werden, beginnen; denn es ist die Pflicht des Richters in einem Fall, der mit vielen Gefahren für die Seele behaftet ist, nicht auf einen Informanten oder Ankläger zu warten, sondern von Amts wegen eine sofortige *Untersuchung* einzuleiten." Wenn ein Inquisitor in eine Stadt oder ein Dorf kommt, muss er jede Person durch an die Türen von Kirchen und Rathäusern genagelte Proklamationen und durch die Androhung von Exkommunikation und

Bestrafung ermahnen, Auskunft über alle Personen zu geben, die in irgendeiner Weise verdächtigt werden auch nur den geringsten Zusammenhang mit der Ausübung von Hexerei haben oder auf andere Weise einen schlechten Ruf haben. Die Spitzel können belohnt werden, wenn der Inquisitor es gut findet, mit dem Segen der Kirche und mit Geld. In der Kirche sollte ein Briefkasten zur Aufnahme der Aussagen von Informanten aufgestellt werden, die unbekannt bleiben wollen.

Für den Schuldbeweis genügen zwei bis drei Zeugen. Falls so viele nicht erscheinen, kann der Richter Maßnahmen ergreifen, um sie zu finden und vorzuladen und sie zu zwingen, unter Eid die Wahrheit zu sagen. Er hat auch das Recht, Zeugen vor der eigentlichen Verhandlung zu befragen. Was die Qualifikationen betrifft, die für das Erscheinen als Zeugen erforderlich sind, erklärt der „Hexenhammer", dass die Exkommunizierten, Komplizen, Geächteten, Ausreißer und Zügellosen in Fällen, in denen es um den Glauben geht, einwandfreie Zeugen sind. Eine Hexe darf gegen eine Hexe aussagen, die Ehefrau gegen den Ehemann, der Ehemann gegen die Ehefrau, die Kinder gegen die Eltern usw., aber wenn die Aussagen von Komplizen oder Verwandten für den Angeklagten von Vorteil sind, haben sie keine Gültigkeit; *Denn Blut ist natürlich dicker als Wasser*, und ein Rabe sticht einem anderen nicht freiwillig in die Augen.

Der „Hexenhammer" erlaubt einem Angeklagten, einen Anwalt zu haben, fügt aber hinzu: „Wenn der Berater seinen verdächtigen Mandanten zu energisch verteidigt, ist es richtig und vernünftig, dass er als weitaus krimineller angesehen wird als der Zauberer oder die Hexe selbst; das heißt, als Beschützer der Hexen und Ketzer ist er gefährlicher als der Zauberer. Ihm sollte ebenso Argwohn entgegengebracht werden, wie er sich eifrig verteidigt. " Aber ein Prozess kann schwierig genug sein, auch wenn er nicht durch einen listigen Anwalt blockiert und behindert wird. Um einen solchen zu verwirren und den Angeklagten in die Falle zu locken, ist es notwendig, sagt der „Hexenhammer", dass ein Richter sich an die Worte des Apostels erinnert: „Da ich schlau war, habe ich dich mit List erwischt" und sich als schlau *erweist* . Der „Hexenhammer" informiert den Richter über fünf „ehrliche und apostolische Tricks" (das sind die Worte des Buches); Eine davon besteht darin, in der dem verteidigenden Anwalt ausgehändigten Verhandlungskopie eine Reihe von Tatsachen anzugeben, die in der Verhandlung nicht vorgekommen sind, und die Namen der Zeugen zu vermischen. „Auf diese Weise können der Angeklagte und sein Anwalt so verwirrt sein, dass sie überhaupt nicht wissen, wer etwas gesagt hat oder was gesagt wurde."

Unter den Fragen, die einer angeklagten Person gestellt werden sollten, empfiehlt der „Hexenhammer" eine Reihe, deren Qualität anhand der folgenden Beispiele beurteilt werden kann: „Wissen Sie, dass die Leute Sie für eine Hexe halten? Warum wurden Sie auf dem Gelände von NN beobachtet? Warum haben Sie NNs Kind (oder Kuh) berührt? Wie kam es, dass das Kind (oder die Kuh) bald darauf krank wurde? Was hatten Sie außerhalb Ihres Hauses zu tun, als der Sturm ausbrach? Wie können Sie erklären, dass Ihre Kuh dreimal so viel Milch gibt wie die Kühe anderer?"

Sprengers Arbeit gibt einen detaillierten Überblick über die Behandlung, der eine Person unterworfen werden muss, die der Zauberei beschuldigt und dem Richter übergeben wird. Vor der Verhandlung muss der Angeklagte auf die Folterbank gelegt werden, damit er zum Geständnis geneigt ist. Anstatt ihre Schuld zu bekennen, lassen einige zu, dass sie Stück für Stück auseinandergerissen werden; Sie sind „die schlimmsten Hexen", und ihre Ausdauer wird durch die Annahme erklärt, „dass der Teufel sie gegen ihre Folterungen abhärtet". Andere, die ihm weniger treu waren, verlässt er und lässt sich so leicht zum Geständnis bewegen. „Wenn der Hexe am ersten Tag kein Geständnis abgerungen wurde" – wir zitieren wörtlich den „Hexenhammer" –, muss die Folter am zweiten und dritten Tag fortgesetzt werden. Das Zivilrecht verbietet zwar die *Wiederholung* der Folter, wenn kein Beweis erbracht wurde, sie darf aber *fortgesetzt werden*."

Der Richter sollte daher die folgende Formel verwenden: „Wir ordnen an, dass die Folter morgen *fortgesetzt* (nicht *wiederholt*) werden soll."

Am zweiten Tag sollen die Folterinstrumente dem Angeklagten vorgelegt werden, und ein anwesender Priester soll die folgende Beschwörung vorlesen: „Ich beschwöre dich, NN, im Namen der Heiligen Dreifaltigkeit, bei den bitteren Tränen Jesu Christi, die er vergossen hat." am Kreuz ... durch die Tränen der Heiligen und Auserwählten Gottes, die sie über die Welt vergossen haben ... dass du, wenn du unschuldig bist, sofort reichlich Tränen vergießst; aber wenn du schuldig bist, keine Tränen. Im Namen Gottes, unseres Vaters, des Sohnes und des Heiligen Geistes. Amen."

Die so beschworene Person weint selten. Sollte dies jedoch geschehen, sollte der Richter dafür sorgen, dass weder Speichel noch eine andere Flüssigkeit das Auge der Hexe befeuchtet. Die Hexe muss rückwärts in den Gerichtssaal geführt werden, damit der Richter sie sehen kann, bevor sie ihn sieht. Sonst könnte sie ihn verzaubern und zu kriminellem Mitleid bewegen.

Vor der Zeugenvernehmung muss die Angeklagte ihrer gesamten Kleidung entkleidet und alle Haare an ihrem Körper abrasiert werden, und ihre Gliedmaßen müssen sorgfältig untersucht werden, um festzustellen, ob sie Spuren tragen, denn der Teufel markiert seine eigenen. Es muss außerdem durch Einstechen mit einer Nadel festgestellt werden, ob irgendein Körperteil gefühllos ist, denn das ist ein sicheres Zeichen für eine Hexe. Dennoch beweist das Fehlen eines solchen Zeichens keineswegs die Unschuld.

Kann die Hexe mit keinen Mitteln zu einem Geständnis gebracht werden, muss der Richter sie in ein weit entferntes Gefängnis schicken. Der Hausmeister, einige Freunde und keusche Frauen sollen überredet werden, die Gefangene zu besuchen und ihr zu versprechen, ihr bei der Flucht zu helfen, wenn sie ihnen nur einige ihrer Künste verrät. Auf diese Weise, bemerkt der Autor des „Hexenhammers", sind viele von uns in die Falle gegangen.

Wir schließen hier unseren Bericht über Sprengers schreckliches Buch ab. Der Leser hat ausreichend über diese Frucht am Baum des Teufels nachgedacht . – Es mag uns mit Abscheu erfüllen, darüber nachzudenken, aber ihre Lehren sind lehrreich. Mögen wir den Baum an der Frucht erkennen und ihn mit seinen Wurzeln ausreißen – mit diesen Wurzeln, die noch so reichlich von Menschen bewässert werden, die nicht wissen, was sie tun. Die Feuer, die die Bulle von Papst Innozenz in ganz Europa entzündete, warfen ihr unheimliches Licht weit in die Zeiten, die man die Moderne nennt , weit ins 18. Jahrhundert. Es wäre unmöglich, diese Opfer des Scheiterhaufens zu zählen. Es wird jedoch heutzutage manchmal versucht; Es werden Archive durchsucht und Entdeckungen gemacht, die alle Erwartungen übertreffen. Die Opfer belaufen sich auf Millionen.

Kein Zeitalter wurde verschont. Kinder wurden mit ihren Müttern auf den Scheiterhaufen gebracht. Eine stille, düstere Vorahnung erfasste jede Gemeinde, als die Proklamation an den Kirchentüren die Ankunft des Inquisitors verkündete. Die Arbeit in den Werkstätten und auf den Feldern wurde eingestellt, und alle bösen Leidenschaften entfachten sich zu größerer Aktivität. Wer einen offenen Feind hatte oder heimlichen Neid vermutete, wusste im Voraus, dass er verloren war. Man hielt es für besser, vorwegzunehmen, als bei der Denunziation vorweggenommen zu werden; und kaum hatte das Tribunal seine Tätigkeit aufgenommen, war es schon mit Informanten überfüllt. „Als sie an einem Ort begannen, Hexen zu verbrennen", sagt ein Autor aus dem 17. Jahrhundert, „wurden in dem Maße, wie sie verbrannt wurden, weitere gefunden." In verschiedenen Gemeinden in Deutschland und Frankreich wurden *alle* Frauen auf den Scheiterhaufen geschickt. In vielen Fällen ging es so weit, dass Fürsten und Potentaten aus Angst vor der Ausrottung ihrer Untertanen gezwungen waren, den Wahnsinn der Inquisitoren durch *autoritäres Kommando aufzuhalten*. Gier brachte Öl ins Feuer, das Aberglaube und Hass entfachten. Wir zitieren nur ein Beispiel aus der Geschichte der schottischen Hexenprozesse. Ein Mann namens Hopkins, der wegen Mordes an den Galgen geschickt wurde, gestand dort, dass er zweihundert Frauen auf den Scheiterhaufen gebracht hatte, und zwar für eine Belohnung von je zwanzig Schilling – eine Summe, mit der ihn der Richter belohnte .

Und in ganz Europa erhob sich jahrhundertelang keine einzige Stimme, die sich dafür einsetzte, dem Mord mit Waffen der Vernunft oder der Religion Einhalt zu gebieten! Wenn es jemanden gab, der den Wahnsinn seiner Zeit nicht teilte, lähmte die Angst seine Zunge, und Bildung und Religion hatten sich, weit davon entfernt, dem Bösen Einhalt zu gebieten, an sein triumphierendes Ohr gehängt. Mit der Bibel in ihren Händen billigten die Theologen dieses barbarische Vorgehen, und die Gelehrten verteidigten es mit von den Vätern übernommenen Gründen und mit subtilen Argumenten. Die protestantischen Theologen wetteiferten mit den katholischen in der Gelehrsamkeit. Selbst Luther und die ersten Reformatoren haben den Teufelsglauben nicht gehemmt, sondern gefördert. Während die Väter das Heidentum als Werk und Reich Satans beschrieben hatten, bezog Luther das vorangegangene Leben der Kirche seit Beginn des Papsttums auf denselben Bereich und verwandelte die gesamte Geschichte der Menschheit in ein teuflisches Drama. Der Kampf zwischen Reformation und Katholizismus trug noch auf andere Weise dazu bei, den Glauben an Teufel zu stärken. Der religiöse Kampf bewegte den Geist der Zeit bis ins Innerste. Viele, die in der Mitte zwischen dem Reformprediger einerseits und dem katholischen Priester andererseits standen, schwankten zwischen dem Alten und dem Neuen, und viele Gewissen, die das Neue bereits angenommen hatten, wurden von Unbehagen und Zweifel aufgewühlt. Der katholische Geistliche sah in diesen Zweifeln den Beginn des Sieges über den satanischen Irrtum; Der protestantische Theologe erklärte, dass dieselben Zweifel vom Urheber des Papsttums, dem Teufel, geweckt worden seien. Wir können diesen Zustand verstehen, wenn wir Luthers „ Tischreden “ lesen. Männer, die zum Beispiel durch einen Traum oder ein seltsames Geräusch in der Nacht erschreckt wurden (mehr als dies war für eine solche Wirkung nicht erforderlich), eilten zu ihrem Pfarrer, um ihm ihre Sorgen vorzutragen. Dann wurde ihnen einerseits mitgeteilt, dass der Traum oder die Stimme vom Teufel verursacht worden sei, an den ihr Abfall sie gebunden hatte, und andererseits, dass Satan versuchte, sie durch Angst und Schrecken wieder in die Irrtümer zu versetzen, die sie begangen hatten hatte aufgegeben. In beiden Fällen war der Erzunterweltler der Agent. „Er war im Schloss der Ritter, in den Palästen der Mächtigen, in den Bibliotheken der Gelehrten, auf jeder Seite der Bibel, in den Kirchen, in den Gerichtssälen, in den Anwaltskammern, in den Laboratorien der Ärzte und …“ Naturforscher, in Hütten, auf Bauernhöfen, in Ställen – überall.“ [50]

Er war tatsächlich überall und die Christenheit war zur Hölle geworden. „Der Glaube an den Teufel“, sagt ein britischer Autor [51] zu diesem Thema, „hatte zur Folge, dass alles rationale Wissen verschwunden war, dass jede vernünftige Philosophie angeprangert wurde, dass die Moral der Menschen vergiftet wurde und …“ Die Menschheit versank in einem Strudel aus Torheit, Gottlosigkeit und Brutalität. Alle Klassen wurden von diesem

Strudel mitgerissen. Der Gott der Natur und der Offenbarung hatte nicht mehr die Zügel der Welt in seiner Hand. Die Mächte der Hölle und der Dunkelheit, geboren aus einer kranken Fantasie, herrschten auf der Erde."

---

Der Glaube an die Zauberei warf seine düsteren Schatten bis ins 18. Jahrhundert hinein, seine tiefen und mächtigen Wurzeln schlug er jedoch erst im Mittelalter. Das ist nicht zu verwundern. Die Menschen des Mittelalters lebten weniger in der Realität als vielmehr in einer Welt der Magie, in einer Welt, die eher den Gemälden von „ Helvetes-Breughels " ähnelte als den Beschreibungen der Insel Armidas . Die Luft war mit dämonischen Dämpfen gesättigt. Die populäre Literatur bestand aus Heiligenlegenden und Geschichten über den Teufel. Die Kirche, das allgemeine Asyl gegen den Teufel, sah und lehrte die Menschen, überall das Spiel böser Mächte zu sehen, die durch magische Praktiken besiegt werden mussten, und inmitten von Ahriman und seinen Heerscharen, die sich nun im Abendland und als Erben etabliert hatten die Hörner und Schwänze von Pans und Faunen, eine Menge einheimischer Geister bewegte sich; Kobolde, Riesen, Trolle, Waldgeister, Elfen und Kobolde in und auf der Erde; Kerben, Flussgeister im Wasser, Unholde in der Luft und Salamander im Feuer. Und zu diesen Elementargeistern kam eine ganze Fauna von Monstern hinzu, wie Drachen, Greife, Werwölfe, Hexenkühe, Thorsschweine und so weiter. Aber damit ist die Rezension noch nicht abgeschlossen: Gespenster , Geister, Vampire, Geister, die den Albtraum verursachen, und so weiter – übernatürliche Wesen, die aus der Menschenwelt stammen, deren Umrisse jedoch schwächer sind als die vorherigen – schließen die bunte Prozession ab. Auch die Alraune hat darin ihren Platz. Dieses Wesen verdient hier ein paar Zeilen, da es mittlerweile aus dem populären Aberglauben verschwunden ist.

Die Mandragora oder Alrun [52] ist ursprünglich ein sehr seltenes Kraut, das kaum zu finden ist, außer unter dem Galgen, wo ein reiner Jüngling gehängt wurde. [53] Wer das Kraut sucht, sollte wissen, dass sein unterer Teil die Form eines Menschen hat und dass sein oberer Teil aus breiten Blättern und gelben Blüten besteht. Wenn es aus der Erde gerissen wird, seufzt, schreit und stöhnt es so mitleiderregend, dass der, der es hört, sterben muss. Um es zu finden, sollte man an einem Freitagmorgen vor Sonnenaufgang hinausgehen, nachdem man seine Ohren sorgfältig mit Watte, Wachs oder Pech gefüllt hat, und einen schwarzen Hund ohne ein einziges weißes Haar mitbringen. Das Kreuzzeichen muss dreimal über der Alraune gemacht werden, und die Erde muss rundherum sorgfältig umgegraben werden, so dass sie nur mit den feinen Wurzeln festsitzt. Anschließend wird es mit einer Schnur am Schwanz des Hundes festgebunden und dieser wird von einem Stück Brot nach vorne gezogen. Der Hund zieht die Pflanze aus der Erde, fällt aber tot um, getroffen vom schrecklichen Schrei der Mandragora. Dann wird es nach Hause gebracht, in Rotwein gewaschen, in rote und weiße Seide gehüllt, in einen Schrein gelegt, jeden Freitag erneut gewaschen und in ein weißes Kleid gekleidet. Die Mandragora enthüllt verborgene Dinge und zukünftige Ereignisse und verschafft ihrem Besitzer die Freundschaft aller Menschen. Eine abends dazu eingezahlte Silbermünze wird morgens verdoppelt. Dennoch darf die Münze nicht zu groß sein. Wenn Sie die Mandragora kaufen, bleibt sie bei Ihnen und wirft sie wohin Sie wollen, bis Sie sie wieder verkaufen. Wenn du es bis zu deinem Tod behältst, musst du damit in die Hölle fahren. Es kann jedoch nur zu einem niedrigeren Preis verkauft werden, als es gekauft wurde. Daher ist derjenige, der es mit der kleinsten vorhandenen Münze gekauft hat, unwiederbringlich verloren.

Das Mandragora genannte Wesen war, wie wir sehen, eine Art „ *Spiritus Familiaris* ". Aber es erschien in noch einer anderen Form. Es kam vor, dass Abenteurer sich als Mandragoras darstellten und aufgrund dieser mystischen Herkunft Erfolg am Hof hatten, nachdem sie durch die christliche Taufe zunächst geistig menschlich gemacht worden waren. Doch durch die Taufe verloren sie ihre wunderwirkende Kraft, was zu ihrem eigenen und dem finanziellen Nachteil anderer erheblich war. Noch größer war die Zahl jener Abenteurer im Mittelalter, die behaupteten, sie seien Bastarde von Teufeln und Menschen. Aber wenn sie ein tadelloses Leben führten und einen festen Glauben an die Dogmen der Kirche bekundeten, war die Gefahr eines solchen Stammbaums nicht größer als die Ehre. Der Sohn eines gefallenen Engels brauchte seinen Kopf nicht vor einem Mann von adliger Herkunft zu beugen.

In der dämonischen Fauna des Mittelalters spielt der Werwolf eine zu wichtige Rolle, als dass er übergangen werden könnte. Er war der Schrecken der ländlichen Bezirke. Werwölfe sind Menschen, die sich eine Zeit lang in Wölfe verwandeln und dann auf der Jagd nach Kindern umherziehen. Der Glaube an den Werwolf ist sehr alt. Antike Autoren bezeichnen es als einen Aberglauben unter den Skythen und unter Hirten und Bauern in den östlichen Provinzen. [54] Damals ging man davon aus, dass die Veränderung auf das Wachstum bestimmter Kräuter in Pontus zurückzuführen sei; Im Mittelalter war es der Teufel, der die Hexe oder die verzauberte Person mit einem Wolfsfell umhüllte. Auch dieser Glaube wurde von Augustinus angenommen und verkündet. Augustinus – derselbe Vater, der erklärte, dass er dem Evangelium nicht glauben würde, wenn die Autorität der Kirche ihn nicht dazu ermahnen würde – hielt es allein für würdig, die Existenz eines so bekannten Evangeliums eines Sadduzäers oder eines heidnischen Philosophen zu leugnen ein Phänomen wie der Werwolf. Der Kaiser Sigismund ließ die Frage in seiner Anwesenheit von Theologen „wissenschaftlich" untersuchen, und sie kamen zu der allgemeinen Einigkeit, dass der Werwolf „eine positive und konstante Tatsache" sei; Obwohl die

Existenz des Teufels angenommen wird, gibt es keinen Grund, die des Werwolfs zu leugnen, gestützt auf die Autorität der Kirchenväter und die allgemeine Erfahrung. [55] Diese „allgemeine Erfahrung" wurde schließlich, wie der Glaube an Zauberei, zu einer wütenden Geisteskrankheit, einer Epidemie („ *insama* ") *zoanthropica* ") infizierte ganze Bezirke in verschiedenen Teilen Europas und schickte viele Geisteskranke, die vor Gericht ihre eingebildete Sünde gestanden hatten, zum Hinrichtungsort. [56]

Mit dieser Lykanthropie eng verbunden ist der noch schrecklichere Vampirismus. Die Vampire, so der Glaube des Mittelalters, seien körperlose Seelen, die sich wieder in ihre vergrabenen Körper kleiden, sich nachts in Häuser schleichen und aus der Brustwarze des Schlafenden ihr gesamtes Blut saugen. Wer dadurch die Lebensflüssigkeit verliert, verwandelt sich wiederum in einen Vampir und besucht vorzugsweise seine eigenen Verwandten. Wenn die Leiche einer Person, bei der der Verdacht auf Vampirismus besteht, ausgegraben und auf den Magen gedrückt wird, fließt reichlich frisches Blut aus dem Mund. Die Leiche ist gut erhalten. Der Glaube an Vampire hat ebenfalls eine Art psychische Pest hervorgebracht, die noch im 18. Jahrhundert in den österreichischen Provinzen Schrecken verbreitete. [57]

Wenn Zauberei eine imaginäre Volksmagie war, gab es auch eine reale, und sie bestand aus einer unendlichen Vielfalt von Gebräuchen, Bräuchen und Regeln für alle Lebensbedingungen. Ganz zu schweigen von den umfangreichen handgeschriebenen Kalendern der Astrologen, die darauf hinwiesen, welche Sternbilder, Jahreszeiten und Tage zum Baden, Bluten, Haareschneiden, Rasieren, Hausbau, Werben, Bediensteten, Reisen usw. günstig sind Danach gab es unter den Menschen eine unglaublich große Menge an Lebensregeln, die jeder kennen musste, der der ständigen Gefahr entgehen wollte, Unglück über sich und seine Familie zu bringen.

Vom Aufwachen am Morgen bis zum Einschlafen in der Nacht waren solche Maximen zu beachten: Das morgendliche Aufstehen mit dem falschen Fuß zuerst aus dem Bett führte im Laufe des Tages ebenso zu Unannehmlichkeiten wie das Versäumnis, den Fuß zu platzieren Nachts Schuhe mit Absätzen zum Bett zu tragen, löste mit Sicherheit den Besuch von Geistern oder bösen Träumen aus. Wenn Kinder geboren werden, darf niemand hinausgehen oder hineingehen oder die Tür öffnen, ohne Feuer mitzubringen, damit die Trolle nicht hineinkommen und das Kind austauschen; und niemand, der hereinkommt, darf ein Wort sagen, bevor er das Feuer berührt hat. Aus dem gleichen Grund muss das Kind, solange es noch nicht getauft ist , jede Nacht sorgfältig bewacht werden, und auf dem Herd muss ständig ein Feuer brennen. Vor der Taufe darf ein Kind nicht von einem Raum in einen anderen gebracht werden, ohne dass Stahl daneben gelegt wird. Wenn zwei Jungen gleichzeitig getauft werden, wird derjenige, der zuerst seinen Namen und seinen Segen erhält, sowohl körperlich als auch geistig am besten ausgestattet sein. Am Tag der Taufe sollte die Mutter den Umgang mit einer Axt, einem Messer oder anderen Schneidwerkzeugen vermeiden, da das Kind sonst irgendwann ermordet wird. Wenn der Boden unter einer Wiege gefegt wird, verliert das Kind seinen Schlaf. Wenn die Wiege bewegt wird, während das Kind nicht darin ist, wird das Kind unruhig. Wenn ein Kind gähnt, muss das Kreuzzeichen über seinem Mund gemacht werden und die Worte „Jesus, Gottes Sohn!" hinzugefügt; sonst wird der Teufel hineingehen. Schaut ein Kind nachts aus dem Fenster oder in den Spiegel, wird es krank. Kinder, die am Sonntag bestraft werden, werden ungehorsam; Aber ein Kind, das am Karfreitag vor Sonnenuntergang ausgepeitscht wird, wird gehorsam und brav sein. Wenn das Kind in einem Schuh herumläuft, bekommt die Mutter Rückenschmerzen. Wenn ein Kind rückwärts geht oder rennt, treibt es seine Eltern viele Schritte in die Hölle. Ein Kind, das gleichzeitig isst und liest, entwickelt ein schlechtes Gedächtnis. Wenn das erste Geschenk eines Verehrers an seine Verlobte aus Schuhen besteht, wird sie untreu sein, wenn es aus Strümpfen besteht, wird sie eifersüchtig sein. Hochzeiten am Montag, Mittwoch und Samstag sind bedauerlich. Wenn ein Brautzug aus irgendeinem Grund unterbrochen wird, kommt es zu Meinungsverschiedenheiten zwischen dem Ehepaar. Ist der Ehering zu klein, droht Unglück. Von dem Brautpaar stirbt zuerst derjenige, der zuerst niederkniet oder sich vom Knien erhebt. Diejenigen, die den Baldachin halten, dürfen nicht den Besitzer wechseln oder die Krone der Braut berühren, denn das kündigt Unglück und Langeweile an. Wenn man beim Verlassen eine alte Frau oder jemanden trifft, der Wasser trägt, sollte man den Raum wieder betreten. Wenn der Tisch gedeckt ist, muss sofort das Brot darauf gelegt werden. Brot darf niemals mit der oberen Kruste nach unten eingelegt werden. Es muss große Sorgfalt darauf verwendet werden, alle aus dem Körper ausgeschiedenen Substanzen wie Haare, Nägel und Blut zu entfernen. Sie müssen in der Erde vergraben werden, damit sie nicht mit kranken Personen in Berührung kommen oder in die Hände von Hexen fallen.

Wir haben die vorstehenden Bräuche und Regeln als Beispiele für die Tausenden von Geboten für alle Lebensbedingungen ausgewählt, die durch Untersuchungen auf diesem Gebiet aus dem Munde der Menschen gesammelt wurden. Eine vollständige Sammlung würde ein großes Volumen erfordern. In ihnen allen zeigt sich eine unterwürfige Angst vor geheimnisvollen bösen Einflüssen, die auf allen Seiten lauern und deren Macht oder Ohnmacht gegenüber dem Menschen keineswegs von seiner Moral abhängt, sondern nur von der Art und Weise, wie er bestimmte ethisch gleichgültige Handlungen beobachtet. Viele von ihnen scheinen nur durch fehlerhafte Anwendung der Kausalitätstheorie entstanden zu sein; andere verlassen sich auf eine symbolische Methode der Naturbetrachtung. Welch ein Unterschied zwischen dieser Volksweisheit und derjenigen, die in den Gnomen der Griechen oder im heidnischen Havamal gespeichert ist ! Ein Teil des ersteren mag ebenfalls ein Erbstück sein, aber wie überschwänglich wuchs dieser Aberglaube im Laufe der Jahrhunderte des reifen und offensichtlichen Glaubens an das personifizierte Böse; Wie tief haben sie Wurzeln im Volk geschlagen, während Havamal nur durch die Hand des Schülers vor der Flut der Zeit gerettet wurde!

Zu den Aberglauben zählt die magische Vorhersage von Krankheiten und Tod. Viele waren die Zeichen der sich nähernden Skelettfigur mit Sense und Glas. Man hörte sie im Krächzen von Krähen und Raben, im Heulen von Hunden, im Zirpen der Grille und im regelmäßigen Ticken des in der Wand versteckten Holzwurms. Wenn das Pferd eines Priesters, der zu einem Kranken in seiner Pfarrei reitet, bei der Ankunft an einem Haus den Kopf senkt, wenn eine Mücke dabei erwischt wird, wie sie an Kleidungsstücken nagt, wenn plötzlich ein Licht ausgeht, wenn ein Bild herunterfällt, wenn ein Glas o.ä Ein Spiegel war zerbrochen, das deutete auf einen nahenden Tod im Haus hin. Um das Schicksal eines Kranken zu bestimmen, legte man ein Stück Brot, von dem er gegessen hatte, in eine dunkle Ecke und beobachtete, wie sich seine Farbe veränderte; oder ein Stück Fett, mit dem man die Fußsohlen von Kranken beschmiert hatte, wurde einem Hund angeboten, oder ein Stein wurde angehoben, um zu sehen, ob sich darunter etwas verbarg. Wenn das Brot dunkel wurde oder der Hund sich weigerte, das zu essen, was ihm angeboten wurde, oder wenn sich unter dem Stein kein Lebewesen befand, galt der Kranke als unheilbar, und selbst von der ererbten medizinischen Fähigkeit des Menschen war nichts zu hoffen weise alte Männer und Frauen. Die Ausübung dieser Fähigkeit bestand neben „Lesen" und Beschwörungen in der Verwendung teils von Kräutern von mehr oder weniger bekannter Wirksamkeit, teils auch, wie es scheint, von magnetischen Kräften, auf die mechanisch und ohne Nachdenken zurückgegriffen wurde.

Die medizinische Kunst, die den Menschen von Generation zu Generation vererbt wurde, ist ein Thema, das nur von einem klarsichtigen und unvoreingenommenen Wissenschaftler der Ärzteschaft behandelt werden kann und das bisher ohne die Untersuchung gelassen wurde, die das Thema zweifellos verdient, zumindest von einem historische Sicht. Am Ende des Mittelalters gab es unter den Anhängern der galenischen Kunst einen genialen Mann, der in der Verzweiflung, in den Folianten der medizinischen Scholastiker Spuren der Wahrheit zu finden, den Hörsaal verließ und in die Welt hinauszog ohne, um, wie er selbst sagte, das Buch der Natur zu lesen und etwas über den medizinischen Instinkt zu erfahren, mit dem Gott, wie er glaubte, sowohl Menschen als auch Tiere ausgestattet haben muss und der nur im Menschen einen wahren Ausdruck finden darf Leben in unmittelbarer Wechselwirkung mit der Natur. Dieser Mann war Paracelsus. Er, der die

Coryphei seiner Zeit an den medizinischen Fakultäten verachtete und mit Spott überhäufte, verschmähte es nicht, „der Erfahrung von Bauern, alten Frauen, Nachtwanderern und Vagabunden" und dem magnetischen System zuzuhören, das er „durch die ..." konstruierte „Erleuchtung durch das Licht der Natur und nicht durch den Lampenschein einer Apotheke" beruht aller Wahrscheinlichkeit nach auf den allgemeinen Prinzipien, die er in der Vielzahl der unter den Menschen praktizierten sympathischen Heilmethoden fand. In der „Lesung", die diese Heilungen begleiteten, sah Paracelsus zu Recht nichts anderes als ein subjektives Moment und Mittel, um Glauben und Vorstellungskraft zu Verbündeten des Arztes zu machen. Eine Vielzahl dieser Beschwörungsformeln für verschiedene Krankheiten wurde in verschiedenen Ländern Europas gesammelt und veröffentlicht. Sie bieten dem Leser wenig oder gar nichts Interessantes. [58]

Im Mittelalter war es eine sehr verbreitete Praxis, den Kranken zu messen, einmal um ihn zu heilen, ein anderes Mal, um herauszufinden, ob die Krankheit abnahm oder zunahm. Ein anderes Mittel bestand darin, ihn durch ein Loch zu ziehen. Kranke Kinder wurden durch in die Erde gegrabene Löcher oder durch einen gespaltenen Kirschbaum gezogen. Kranke Schafe mussten durch die Spalte einer Eiche kriechen und so weiter. Ein weiteres Heilmittel gegen viele Arten von Leiden war das Binden eines Fadens oder Bandes, das über den Hals oder ein Glied des Kranken gelegt worden war. Damit verbunden ist das Knüpfen von Hexenknoten, die nur in böser Absicht verwendet werden. Hierzu waren Bänder unterschiedlicher Farbe und Material [59] erforderlich. Sie wurden in der Nähe der Wohnung der verletzten Person begraben. Man ging davon aus, dass dadurch jegliche Gliedmaßen oder Körperkräfte eines Feindes beeinträchtigt werden könnten. Ein französischer Jurist und Hexenrichter, Pierre Delancre , beklagt, dass es zu seiner Zeit in Frankreich nur wenige Ehepaare gab, deren Glück dadurch nicht beeinträchtigt wurde; Junge Männer trauten sich aus Angst davor kaum zu heiraten. Hincmar , Erzbischof von Reims, riet als Gegenmittel gegen diesen Einfluss zu einem sorgfältigen Gebrauch der Sakramente. In französischen Ritualen sind kirchliche Gebete gegen die Wirkung von Hexenknoten vorgeschrieben. Kaum weniger verbreitet war der Brauch, Puppen aus Lumpen, Teig, Wachs oder Ton anzufertigen, sie mit dem Namen der verhassten Person zu taufen, sie ins Feuer zu werfen oder mit Nadeln zu durchbohren und sie unter der Schwelle dieser Person zu begraben. alles, um ihm Leid zuzufügen. [60] Krankheiten könnten auch auf Puppen übertragen werden, indem man bestimmte Formeln liest und sie an einem unzugänglichen Ort oder in fließendes Wasser legt.

Nicht nur gegen Krankheiten, sondern auch gegen die Gefahren von Feuer und Krieg, gegen Pech in der Liebe oder bei der Jagd, auf Reisen und dergleichen griffen die Menschen frei auf magische Heilmittel zurück. Der

„Hexenhammer" beklagt sich bitter über die kriminelle Praxis der Soldaten, Kruzifixe zu verstümmeln, um sich gegen Schwert und Kugeln abzuhärten. Der Scharfrichter in Passau erlangte während des Dreißigjährigen Krieges einen weiten Ruf für seine Fähigkeit, den menschlichen Körper zu verhärten, was ihm mittels Papierfetzen mit kabbalistischen Figuren gelang ( Passauer Henkers-Zettel ), die gegessen wurden. Der Glaube, dass Jäger durch Beschwörungen „Freipfeile" und „Freikugeln" beschafften, war weit verbreitet. Der „Hexenhammer" wirft verschiedenen Machthabern vor, in ihrem Sold „teuflische Bogenschützen" zu haben, die aus großer Entfernung ihr Ziel treffen, ohne zu zielen. Bei Feuern war es Brauch, sogenannte Schilde Davids in die Flammen zu werfen – Platten mit zwei sich kreuzenden Dreiecken und dem Motto „ Agla " (die Anfangsbuchstaben von vier hebräischen Wörtern, die bedeuten: „Du bist in Ewigkeit stark, o Herr!") und „ *consummatum est* ". Noch Mitte des letzten Jahrhunderts ordnete der Leipziger Magistrat an, dass im Rathhaus solche Tafeln für den Brandfall aufgelegt werden sollten. In katholischen Ländern nahm der Klerus den Einsatz magischer Geräte gegen Brände selbst in die Hand; Dreimal zogen Prozessionen mit Gesang und Reliquien um das brennende Haus herum, und wenn dies keine heilsame Wirkung hatte, war es ein sicheres Zeichen dafür, dass Gott dem Teufel erlaubt hatte, das verzehrende Element zur Zerstörung zu führen.

Der Umfang dieser Abhandlung erlaubt keine detaillierte Darstellung der vielen Wahrsagekünste, die ihre Anhänger im Volk hatten. Die Kirche, die energisch gegen diese Künste predigte und sie als Werkzeuge des Teufels, des Vaters der Lügen und Gründer der Orakel, darstellte, leugnete jedoch nicht ihre Macht, die Zukunft zu enthüllen, sondern konnte sie durch biblische Zitate bestätigen.

Alles, was wir hier beschrieben haben, war für die Kirche schwarze Magie: Alle mystischen Praktiken unter den Menschen, ob zu guten oder bösen Zwecken, zur Heilung oder Heilung, wurden als Ausdruck einer Verachtung für die göttliche Magie der Kirche selbst angesehen. und auch ein Bund mit dem Teufel, wenn nicht ein formeller, so doch ein „ *pactum implicitum* ". Es waren daher die Besitzer der traditionellen Volksheilkunst, die zuerst auf den Scheiterhaufen geschickt wurden, wo auch immer die Inquisition ihre Prozesse begann. Aber kein Terrorismus konnte die Volksmagie ausrotten, solange die Verfolger selbst an ihre Wirksamkeit glaubten und nur für einen heiligen Aberglauben gegen ihre geächtete Fälschung kämpften. Der Kampf gegen den Aberglauben der Kirche und des Volkes war einer anderen Zeit und einer anderen Theorie des Universums und der Moral vorbehalten.

Die sogenannten Wanderscholastiker ( *scholastici Vagantes* , *Gelehrte erratici* ) bildeten eine Art Bindeglied zwischen der Magie der Gelehrten und der des einfachen Volkes. Sie waren ruinierte und abenteuerlustige Studenten,

Priester und Mönche, die in den ländlichen Gebieten der meisten europäischen Staaten, insbesondere Deutschlands, umherzogen, sich als Schatzgräber ausstellten und „Spiritus Familiares", Amulette, Liebestränke *und Lebenselixiere* verkauften , Geister beschwören, mit den Sternen Wahrsagerei betreiben und Menschen und Vieh heilen. Diese Abenteurer waren einer regulären Gilde angeschlossen und hatten wie andere umherziehende Händler ihre Unterkünfte und Krankenhäuser in den Städten. Sie waren gefürchtete Konkurrenten der Hexenväter der Klöster, wurden mehrmals von der Kirche exkommuniziert und scheinen fast verschwunden zu sein, als die Hexenprozesse ernsthaft begannen. Mit einer solchen Person ist die Faust-Legende verknüpft. Es spiegelt die weit verbreitete Meinung über die Macht gelehrter Magier wider. [61]

Die gleiche Zeit, in der die Bulle des Innocentius verkündet wurde und der Teufelsglaube in den Hexenprozessen seinen Höhepunkt erreichte, war die Geburtsstunde der *Renaissance* . Dieser Retter kam in der Stunde seiner größten Not auf die Welt. Der hellenische Geist, der aus dem Studium der klassischen Literatur und der klassischen Kunst wiedergeboren wurde, war ein neuer Messias , der der alten Schlange auf den Fersen war und die Menschheit vor der Macht des Todes und des Teufels rettete. Die Menschen, die in der Dunkelheit saßen und nur von den grellen Flammen der Inquisition erleuchtet wurden, sahen ein großes Licht und streckten ihre Hände der neuen Morgendämmerung entgegen. Das Studium der Antike hatte einen enormen Einfluss, umso mehr, als sich die tatsächliche Welt so sehr von der antiken Welt unterschied. Die exhumierten Denkmäler von Hellas enthüllten andere Staatssysteme als die feudalen des Mittelalters – Staaten, die Organisationen waren, keine bloßen mechanischen Konglomerate von Eroberern und Eroberten, und die auf einer edleren Grundlage als gegebenen oder angenommenen Privilegien beruhten. Diese Denkmäler offenbarten eine unabhängige Suche nach der Wahrheit, die sich über die Tradition gestellt hatte – ein neuartiges Spektakel für die Menschen des Mittelalters! Sie offenbarten eine Kunst, in der Harmonie zwischen Geist und Natur, zwischen höherem Leben und Sinnlichkeit, zwischen den relativen Gegensätzen herrschte, die das Mittelalter als absolut angesehen hatte, und die sie in einen Kampf versetzten, der Schönheit und Moral zerstörte. Sie zeigten große symmetrische Charaktere, die ebenso frei von der Askese des Mittelalters wie von der wilden Sinnlichkeit dieser Zeit waren. Alle diese mit Begeisterung begrüßten Ideen konnten das Erscheinungsbild der Welt nur verändern. Sie überwanden die Finsternis des Mittelalters, schlugen Teufel und Hölle in die Flucht und trieben sie in die abgelegene Ecke des geistigen Reiches, in der sie sich gegenwärtig befinden, aus der sie aber bei jeder politischen Reaktion eifrig herausschauen und beobachten, ob das so ist Sie dürfen die weite Welt nicht noch einmal in ihre Gewalt bringen. Aber das wird ihnen kaum gelingen, solange die Gedankenfreiheit und die wissenschaftliche Unabhängigkeit als die wichtigsten Voraussetzungen für die geistige Gesundheit der Menschheit gewahrt bleiben; und sie werden völlig scheitern, wenn eine allumfassende Intelligenz das Volk gelehrt hat, dass die Prämissen des Teufelsdogmas, wenn sie erneut in die öffentliche Meinung eingeimpft werden könnten, erneut dieselben Ergebnisse zeigen würden, die oben dargestellt wurden, und uns führen würden zurück in die schrecklichen Zeiten der Inquisition und der Hexenverbrennungen. Dies wünschen sich zweifellos nicht einmal die orthodoxen Verteidiger des Glaubens an ein nachgeahmtes böses Prinzip; Sie bemerken jedoch nicht, dass die Geschichte konsequenter handelt als sie und allgemeine Fehler nur dadurch heilt, dass sie lange Generationen dazu bringt, die letzten Konsequenzen daraus zu ziehen und ihre volle Wirkung zu erleiden.


DAS ENDE.

# Fußnoten:

[1] Henricus Cornelius Agrippa ab Nettesheim : „De occulta Philosophia." – I., XIII.

[2] Henricus Cornelius Agrippa ab Nettesheim : „De occulta Philosophia." – I., XIII.

[3] *Ebenda.*

[4] Diese gegen den Herrscher von Assyrien gerichtete Passage wurde bereits von den frühen Vätern so interpretiert, dass sie sich auf Satan bezog. So wurde Luzifer, die lateinische Übersetzung für Morgenstern, zum Namen für den Fürsten der Dunkelheit.

[5] Lukas x. 18.

[6] „De Contemptu Mundi sive de Miseria Humanæ Conditionis ", ein kleines Buch, das um 1200 vom späteren Papst Innozenz III. geschrieben wurde.

[7] Die Worte Luthers, der zusätzlich zu seinem dualistischen Glauben ein echter Sohn dieses Mittelalters war, wenn auch der Zerstörer seines autokratischen Glaubens.

[8] Als solche – als vergänglich und unwirklich – werden alle bösen Dinge von einem unbekannten Autor im Mittelalter angesehen. In seinem wunderschönen Opuskel „Deutsche Theologie " sagt er unter anderem: „Nun mag jemand fragen: ‚Da wir alles lieben müssen , müssen wir dann auch die Sünde lieben?' Die Antwort ist nein; denn wenn wir alles sagen , meinen wir nur alles, was gut ist. Alles , was existiert, ist aufgrund seiner Existenz gut. Der Teufel ist gut, sofern er existiert. In diesem Sinne gibt es nichts Böses. Aber es ist eine Sünde, etwas anderes als Gott zu wünschen, zu begehren oder zu lieben . Nun sind alle Dinge ihrem Wesen nach in Gott, und zwar wesentlicher in Gott als in sich selbst; deshalb sind sie alle in ihrem wahren Wesen gut." – Das kleine Werk, aus dem oben zitiert wird, ist der Ausdruck einer tiefen und frommen Seele, die darum kämpft, den Dualismus zu meistern, der sein Zeitalter fesselte. Es ist bemerkenswert, dass Luther nicht stärker von ihrem Geist beeinflusst wurde, obwohl er bekennt: „Außer der Bibel und dem heiligen Augustinus habe ich kein Buch gefunden, aus dem ich mehr gelernt hätte."

[9] Siehe das Werk „Summa Theologica" ( Supplementum Anzeige tertiam partem, quæst . 94) vom prominentesten und einflussreichsten Theologen des Mittelalters, Thomas von Aquin. Dort heißt es: „Ut beatitudo sanctorum eis. " magis complaceat et de ea Uberiores gratias Deo agant , datur eis ut pœnam impiorum perfekt videant .... Beati, qui erunt in gloria, nullam

Mitgefühl Anzeige verdammt habebunt .... Sancti de pœnis impiorum gaudebunt , rücksichtsvoll in eis göttliche justitiæ ordinem et suam liberationem de qua gaudebunt ." – Damit lässt sich der folgende abscheuliche Ausspruch eines anderen Theologen vergleichen: „Beati cœlites non tantum non cognatorum sed nec parentum sempiternis suppliciis Anzeige Ullam miserationem flectentur . Meiner Meinung nach lætabuntur justi , cum viderint vindictam ; manus lavabunt in sanguine peccatorum ."

[10] Tertullian.

[11] Dies wurde in Bezug auf die ursprünglichen Lehren von Zoroaster geleugnet, wird aber durch eine Passage bei Aristoteles bestätigt ( Metaphys ., I., XIV ., ca. 4).

[12] AF Kap. Vilmar : „ Theologie der Thatsachen breiter die Theologie der Rhetorik " (Marburg, 1857).

[13] So sollte beispielsweise der rote Glanz von Kupfer darauf hinweisen, dass es mit dem Mars in Verbindung steht, der in rötlichem Licht leuchtet.

[14] „Nicht baptisatis parvulis nemo promittat inter damnationem regnumque coelorum quietis vel felicitatis cujuslibet atque ubilibet quasi medium locum; hoc enim eis etiam Häresis Pelagiana promisit " ( Augustinus : De Anima et Ejus Origine , 1. I., c. IX ). In einem seiner Briefe erklärt Augustinus, dass selbst wenn die Eltern zum Priester eilen und er sich ebenfalls beeilt, das Kind zu taufen, es aber tot vorfindet, bevor es das Sakrament erhalten hat, es dennoch dazu verdammt ist, mit den Verdammten auf ewig gequält zu werden. und den Namen Gottes zu lästern.

[15] All dies findet sich im Zusammenhang mit der Taufe in heidnischen Mysterien.

[16] Auszug aus der Formel, die Berengar von Tours auf dem Konzil von Rom im Jahr 1059 n. CHR. GEGEBEN WURDE und die er bei Todesstrafe schwören musste.

[17] Die Waffel, die im 12. Jahrhundert das Brot ersetzte, wurde Hostie genannt.

[18] Die Entdeckung, die der dänische Theologe Martensens in unseren Tagen machte , dass die im Abendmahl unseres Herrn erhaltene Nahrung nicht nur für die Seele, sondern auch für den Körper – für die Ernährung unseres Himmelfahrtskörpers – bestimmt ist, ist nicht wirklich wahr neu; Dem in die Mithras-Mysterien eingeweihten Heiden wurde beigebracht, dass das geweihte Brot und der geweihte Wein, die in sein Fleisch und Blut aufgenommen wurden, seinem körperlichen Wesen Unsterblichkeit verliehen. Gleiche Voraussetzungen erzeugen zu verschiedenen Zeiten gleiche Vorstellungen.

Lombardus bis ins 17. Jahrhundert heftig diskutiert wurde , lautet wie folgt: Hat eine Ratte, die von der Hostie gefressen hat, dadurch am Leib Christi teilgenommen? In diesem Zusammenhang wurde weiter gefragt: Wie soll eine Ratte behandelt werden, die vom Leib Christi gefressen hat ? Soll sie getötet oder geehrt werden? Sollte das Sakrament auch im Magen der Ratte verehrt werden? Wenn etwas von dem geweihten Brot im Magen einer Ratte gefunden wird, ist es dann eine Pflicht, es zu essen? Was ist zu tun, wenn man unmittelbar nach der Teilnahme am Abendmahl unter Erbrechen leidet? Wenn eine Ratte den Wirt fressen kann, kann es dann nicht auch der Teufel tun ? – Eines der letzten Ergebnisse dieser wichtigen Untersuchungen ist ein 1593 in Tübingen veröffentlichtes Buch mit dem Titel: „ *Mus exenteratus , hoc est. "tractatus Valde magistralis super Frage quadam theologica spinosa et multum subtili "* usw.

[19] Während der Zeit der politischen Reaktion im Jahr 1815, als Schlegel und de Maistre das Mittelalter als das Zeitalter der Glückseligkeit des Menschen priesen und Görres während der „Staatsperiode der Aufklärung" versuchte, allen vergessenen Geister- und Vampirgeschichten wieder Glaubwürdigkeit zu verleihen, Der Brüsseler Klerus feierte mit Prozessionen und anderen Feierlichkeiten den Jahrestag dieser Judenverfolgung in Namur.

Auf der Synode im Jahr 1099 N. CHR . wurde eine Proklamation erlassen, die es den Priestern verbot, mit Laien irgendwelche unterwürfigen Beziehungen einzugehen, weil es eine Schande wäre , wenn die allerheiligsten Hände, die das Fleisch und Blut des allmächtigen Gottes bereiteten, den ungeweihten Laien dienen würden. Der berühmte Redner Bourdaloue forderte, dass dem Priester eine größere Ehrerbietung zuteil werden sollte als der heiligen Jungfrau, da Gott nur einmal in ihrem Schoß Fleisch geworden war, sich aber täglich, so oft die Messe gelesen wurde, in den Händen des Priesters befand.

[20] Die älteste christliche Kunst, in der sich der sterbende Geist der Antike noch offenbart, stellte Jesus als einen Hirtenjungen dar, der ein Lamm auf seiner Brust trug. Manch einer konnte sich nur traurig von der strahlenden Welt des Olymp abwenden und sich dem neuen christlichen Ideal zuwenden, und wenn es nötig sein muss, möchte er am liebsten in das neue „ *Puer "* übergehen Erlöser " die milde Schönheit des ehemaligen jugendlichen Mittlers Dionysos Zagreus. In den uns noch erhaltenen Hymnen von Synesius , der in einer Person den Bischof und den noch immer nach Weisheit und Schönheit sehnenden Griechen vereinte (vielen unserer Leser zweifellos durch Kingsleys Roman „Hypatia" bekannt), ist diese Traurigkeit in wunderbarer Harmonie mit christlicher Hingabe. Mit dem Untergang der antiken Welt erloschen sowohl diese Sehnsucht als auch die Fähigkeit, sie zu befriedigen. Das materielle Symbol erlangte danach einen prominenteren Platz. Stellten die Phönizier und Kanaaniter ihren Gott leibhaftig als mächtigen Stier dar, wählten die Christen das geduldige und harmlose Lamm

als ihr Vorbild. Das Konzil von Konstantinopel im Jahr 692 N. CHR. bestätigte dieses Lammsymbol. Da Aaron ein goldenes Kalb gemacht hatte, ließ Papst Sergius III. beschaffte ein Lamm aus Gold und Elfenbein. Alle, die sich gegen seine Verehrung auflehnten, wurden als unordentlich und ketzerisch behandelt. Einer von ihnen, Bischof Claudius von Turin, von dem die Waldenser ihren Ursprung haben, beklagte sich zur Zeit Karls des Großen: „ *Isti perversorum Dogmatum Autoren agnos vivos freiwillig vorare et in pariete Bilder adorare .* ”

[21] Papst Urban Vitus überreichte dem byzantinischen Kaiser ein *Agnus Dei* . In einer Begleitnotiz wurden seine wunderbaren Kräfte in den folgenden mönchisch-lateinischen Hexametern beschrieben:

> *Balsamus und die Welt cera cum christmatis unda*
> *Conficiunt agnum , quod Munus do tibi magnum*
> *Fonte velut natum per mystica Sanctificatum .*
> *Fulgura Dessursum depellit , et omne malignum*
> *Peccatum Frangit , ut Christi sanguis et angit .*
> *Prägnans servatur , simul et partus liberatur .*
> *Dona verwies dignis , virtutem Ignis*
> *zerstören . Portatus munde de fluktibus eripit undæ .*

[22] Noch im Jahr 1784 erließ Kurfürst Carl Theodor von der Pfalz ein Gesetz, das auf die magische Kraft der Hubertusreliquien verwies und den Einsatz „weltlicher“ Heilmittel gegen Bisse tollwütiger Hunde verbot.

[23] Im Jahr 1240 fand in Lüttich eine große Regenprozession statt . Bei dreimaliger Wiederholung verfehlte es jegliche Wirkung, „weil im Flehen aller Heiligen Gottes Mutter vergessen worden war.“ In einer neuen Prozession wurde deshalb „ *Salve regina* “ gesungen, und der Regen prasselte sofort mit solcher Heftigkeit nieder, dass die andächtige Prozession aufgelöst wurde . – Um Regen zu erzeugen, führte der Klerus manchmal einen Esel vor das Tor der Kirche, Hängen Sie ihm die Litanei um den Hals, stecken Sie ihm eine Hostie in den Mund und begraben Sie das Tier dann lebendig.

[24] Insbesondere die Kirche des Mittelalters war reich an schrecklichen Verwünschungsformeln, die von einer enormen Verrohung des Denkens und Fühlens zeugten. Ein einziges Exemplar dieser Formelsammlungen wird mehr als ausreichen, um Folgendes zu veranschaulichen:

„Durch die Macht, Macht und Autorität Gottes, des allmächtigen Vaters, des Sohnes und des Heiligen Geistes und im Namen der Heiligen Jungfrau, der Mutter unseres Herrn Jesus Christus, durch die heiligen Engel, Erzengel, den heiligen Michael und St. Johannes der Täufer, im Namen des heiligen Apostels Petrus und aller Apostel, im Namen des heiligen Stephanus und aller heiligen Märtyrer und der heiligen Adelgunda und aller heiligen

Jungfrauen und aller Heiligen im Himmel und auf Erden, dem die Macht gegeben ist zu binden und zu lösen, – wir verfluchen, verfluchen und schließen aus der Mutterkirche aus durch das Band des Fluchs (hier folgt der Name der Personen). Mögen ihre Kinder Waisen sein; Mögen sie verflucht sein auf dem Feld, verflucht in der Stadt, im Wald, in ihren Häusern und Scheunen, in ihrer Kammer und ihrem Bett, im Rathaus, im Dorf, auf dem Land und auf dem Meer; Mögen sie in der Kirche, auf dem Kirchhof, im Gerichtssaal, auf dem öffentlichen Platz und im Krieg verflucht sein; Ob sie reden, schlafen, wachen, essen oder trinken, ob sie gehen oder sich ausruhen oder irgendetwas anderes tun, sie seien verflucht in Seele und Körper, in der Vernunft und in allen ihren Sinnen: Verflucht sei ihre Nachkommenschaft, verflucht sei die Frucht Verflucht seien alle ihre Glieder ihres Landes: Kopf, Nase, Mund, Zähne, Hals, Augen und Wimpern, Gehirn, Kehlkopf, Zunge, Brust, Lunge, Leber, Beine und Arme, Haut und Haare; Verflucht sei alles, was von Kopf bis Fuß usw. in ihnen lebt und sich bewegt. Ich beschwöre dich, Luzifer, und deine ganze Mannschaft, beim Vater, beim Sohn und beim Heiligen Geist, bei der Menschwerdung und Geburt Christi; Ich beschwöre dich bei der Kraft und Tugend aller Heiligen, dass du sie niemals in Ruhe lässt, weder bei Tag noch bei Nacht, bis du sie in den Ruin getrieben, durch Wasser vernichtet oder an den Galgen geführt oder zum Tode verurteilt hast von wilden Tieren zerrissen oder von Feinden die Kehle durchgeschnitten oder ihre Körper durch Feuer zerstört werden" usw. usw.

[25] Ein biblischer Grund für Prüfungen wurde in Numeri Vers 12–28 gefunden.

[26] Der „Hexenhammer" wird im Folgenden ausführlicher beschrieben. Der Geschichtsstudent sollte dieses Buch nicht vernachlässigen, denn es ist die reifste Frucht des katholischen Dualismus und zeigt deutlich die Ergebnisse auf, zu denen er tendiert.

[27] „Gott in der Geschichte ", III.

[28] Doch in den Tagen des Erasmus von Rotterdam machten die Theologen großen Lärm um dieses heikle Problem.

[29] Dieses Geständnis macht Cornelius Agrippa in seiner „Okkulten Philosophie". Theophrastus Paracelsus und andere waren weniger bescheiden.

[30] So argumentierte noch in der Mitte des 16. Jahrhunderts Borrichius (Olaf Borch), der Professor für Chemie an der Universität Kopenhagen war und ein Buch über die Weisheit des ägyptischen Hermes schrieb.

[31] Agrippa: „De Occulta Philosophia", 1. I., c. 24.

[32] Wir haben in einer „ *Magia Divina* " die folgenden Anweisungen zur Verwirklichung eines *perpetuum mobile naturæ* gefunden , deren Wirksamkeit wir dem Leser überlassen.

„In den zwölf Nächten nach Weihnachten werden 1½ Maß Tau von Obstbäumen gesammelt und gut verschlossen aufbewahrt. Im Monat März wird erneut Tau von Obstbäumen und Wiesen gesammelt und in einem weiteren Fläschchen aufbewahrt. Der im Mai gesammelte Tau wird zu einem Drittel und der Regen eines Gewitters im Sommer zu einem Viertel gegossen. Daraufhin wird der Inhalt der vier Fläschchen gemischt und ein Maß davon in eine große durchsichtige Glasretorte gegossen, wo es gut abgedeckt einen Monat bleiben muss, bis es faulig wird. Legen Sie es dann über ein Feuer und setzen Sie es einer Hitze zweiter Stufe aus. Bei ausreichender Destillation bleibt eine honigdicke Substanz zurück. In diesen Rückstand werden vier Körner Astraltinktur gegossen. Die Mischung wird einer Hitze ersten Grades ausgesetzt, wodurch sie sich in einen dicken, tiefschwarzen Klumpen verwandelt, der sich wieder auflöst und unten eine tintenartige Flüssigkeit und oben einen Dampf bildet, in dem sich viele Farben und Figuren befinden gesehen. Diese verschwinden bald, und alles verwandelt sich in Wasser, das grün zu werden beginnt, und grüne Paläste, die sich ständig vergrößern, und Berge und schöne Weiden erscheinen, während das Wasser immer weniger wird. Wenn Sie nun feststellen, dass im Glas kein Tau mehr aus der Erde aufsteigt, nehmen Sie das Wasser, das Sie bei der Destillation erhalten haben, mischen Sie eine Drachme Astraltinktur damit und gießen Sie eine Unze dieser Mischung in den Glaskolben. Dann beginnt alles wieder zu leben und zu wachsen. Geben Sie jeden Monat eine Unze dieser Mischung hinzu. Wenn dann die Glaskugel gut verschlossen ist und nicht gerührt wird, entsteht allmählich ein Dampf, der sich zu zwei leuchtenden Sternen verdichtet, wie die Sonne und der Mond, und wie dieser letztere nimmt einer dieser Sterne zu und ab; und alle Phänomene der Natur, Donner, Blitz, Hagel, Regen, Schnee und Tau, werden in Ihrer Glaskugel wie in der realen Welt um Sie herum erscheinen. All dies wird geschehen, wenn Sie den großen Schöpfer vor Augen und in Ihrem Herzen behalten und wenn Sie dieses große Geheimnis vor der bösen Welt verbergen."

Aus dem zweiten Teil von Goethes Faust erinnert sich der Leser vielleicht an Doktor Wagner, Fausts ehemaligen *Famulus* , der am alchemistischen Ofen eifrig damit beschäftigt war, einen *Homunkulus* , einen künstlichen Menschen, vorzubereiten. Die gleiche „ *Magia Divina* ", aus der wir die vorangegangenen Richtungen zitiert haben, erlaubt uns auch, dem Geheimnis des gelehrten Wagner nachzugehen: der Kunst, „ Homunculos " zu produzieren Philosophicos ." In einre Retorte aus dem schönsten Kristallglas wird ein Maß reinster Maitau gegossen, der bei der Mondsichel gesammelt wird, und zwei Maß Blut eines Jünglings oder drei Maß eines

Mädchens. Sowohl der Junge als auch das Mädchen müssen gesund und „wenn möglich" keusch sein. Wenn diese Mischung einen Monat lang gekeimt und sich in einen rötlichen Ton verwandelt hat, wird das oben gebildete *Menstruum* mittels hermetisch an der Retorte befestigten Röhren abgesaugt, in einem sauberen Glasgefäß gesammelt und mit einem Drachmentier vermischt Tinktur, und die Mischung wird erneut in die Retorte gegossen, wo sie einen Monat lang bei sanfter Hitze aufbewahrt wird. Dann hat sich eine Art Blase gebildet, die bald nach und nach mit einem organischen Netz aus kleinen Adern und Nerven bedeckt wird. Besprüht man die Blase alle vier Wochen mit der oben genannten *Menstruationsflüssigkeit* , wächst sie vier Monate lang. Wenn Sie nun ein Piepsen und lebendige Bewegungen im Glas bemerken, schauen Sie hinein und Sie werden zu Ihrer Freude und Ihrem Erstaunen ein wunderschönes Paar entdecken, einen Jungen und ein Mädchen, das Sie mit tief empfundener Bewunderung für diese Schönheit betrachten können ein Werk der Natur, obwohl ihre Höhe nur sechs Zoll beträgt. Sie bewegen sich und gehen im Glas umher, in dessen Mitte ein Baum mit allerlei angenehmen Früchten wächst. Wenn Sie nun jeden Monat zwei Körner Tiertinktur in die Retorte gießen, können Sie sie ganze sechs Jahre lang am Leben halten. Mit einem Jahr können sie Sie in viele Geheimnisse der Natur einweihen. Sie sind gütig in ihrem Wesen und gehorchen dir in allem . Aber am Ende des sechsten Jahres werden Sie feststellen, dass dieses schöne Paar, das bisher von allen Arten von Früchten gegessen hat, mit Ausnahme derjenigen, die auf dem Baum wachsen, der in der Mitte der Retorte wuchs, nun beginnt, auch die Früchte davon zu essen . Dann entsteht in der Retorte ein Dampf, der dichter wird, eine blutrote Farbe annimmt und Blitze aussendet. Die beiden *Homunkuli* haben große Angst und versuchen, sich zu verstecken. Endlich Alles um sie herum verdörrt, sie sterben, und das Ganze verwandelt sich in eine rauchende Masse. Wenn das Glas nicht sehr groß und stabil ist, explodiert es und verursacht großen Schaden.

[33] Jeder Planet hatte unter den zwölf Tierkreiszeichen sein eigenes Haus, und es war besonders günstig, wenn man sich in einem dieser Wohnorte aufhielt. Die folgende Tabelle zeigt die Reihenfolge:—

Saturn        wohnt In Steinbock.

Jupiter        "      " Fische und Schütze.

Mars          "      " Widder und Skorpion.

Die Sonne    "      " Löwe.

Venus         "      " Stier und Ursa Major.

Mercurius      "      " Jungfrau und Zwillinge.

Der Mond      "      " Krebs.

Jedes der zwölf Zeichen (dreißig Grad am Himmelsbogen) wurde in drei „Gesichter" (zehn Grad) unterteilt. Die Position des Planeten war am verheißungsvollsten, wenn er sich auf der ersten Seite des Hauses befand; wenn im dritten sein günstiger Einfluss zweifelhaft war.

Wie der Leser aus der ersten Tabelle oben ersehen kann, sollten die Tierkreiszeichen eine Beziehung zu den Elementen und zu den Temperamenten aufrechterhalten. Widder, Löwe und Schütze waren warm, trocken, feurig und cholerisch. Das Eintreten des Mars in diese Zeichen – mit Ausnahme des Widders, das sein eigenes Haus war, in dem er glückverheißend war – muss daher Dürre, Feuersbrunst und Pest verheißen. Stier, Jungfrau und Steinbock waren kalt, trocken, erdig und melancholisch. Saturn im zweiten Zeichen des Stiers könnte daher ein Zeichen für einen strengen Winter sein. Die Zeichen Krebs, Skorpion und Fische waren kalt, feucht, wässrig und zuversichtlich. Die Herrschaft der Tierkreiskonstellationen über den menschlichen Körper war wie folgt aufgeteilt: Der Widder herrschte über Kopf und Gesicht, der Stier über den Hals und die Kehle, die Zwillinge über die Schultern, Arme und Hände, der Krebs über die Brust, die Rippen, die Lunge und die Milz. Löwe über dem oberen Teil des Bauches, Rücken und Seite, Jungfrau über dem unteren Teil des Magens und der Eingeweide, Skorpion über den Geschlechtsorganen, Schütze über dem Anus, Steinbock über den Knien, Wassermann über den Oberschenkeln, Fische über den Füßen. Die Planeten übten den gleichen Einfluss aus wie ihre Häuser, und alle elementaren Dinge, die einem Planeten untergeordnet waren, galten in glücksverheißenden Aspekten als hervorragende Heilmittel für Beschwerden in den Gliedmaßen, die von diesem Planeten beherrscht wurden. Die Reihe der Analogien, für die wir oben ein Beispiel gegeben haben, war daher auch für die Ärzte des Mittelalters eine unerschöpfliche Fundgrube. Da beispielsweise der Steinbock, der über den Knien thront, das Haus des Saturn ist und alle Krabbeltiere mit diesem Planeten verbunden sind, ist das Fett von Schlangen ein wirksames Mittel gegen Gicht in den Knien, besonders am Samstag, dem Tag des Saturn .

[34] Die Tage tragen noch in vielen Sprachen die Namen der Planeten, die ihnen in der grauen Antike von der Astrologie zugeordnet wurden.

Sonntag, stirbt Solis, ist der Tag der Sonne.
Montag, der Lunæ , ist der Tag des Mondes.
Dienstag, der Martis , ist der Tag des Mars, *ich . e.* ,
Tiw.

Mittwoch, der Mercurii , ist der Tag des Merkur.
Donnerstag, der Jovis , ist der Tag des Jupiter, *ich . e.* ,
Thor.
Freitag, dies Veneris, ist der Tag der Venus, *ich . e.* ,
Freja.
Samstag, dies Saturni , ist der Tag des Saturn.

Die ursprünglichen Namen scheinen von den Römern in der späteren Zeit der Republik eingeführt worden zu sein. Dass die Idee aus Ägypten stammt, zeigt eine Passage bei Dion Cassius [l. XLIII., ca. 26; vergleiche E. Roth, „Geschichte Benutzer abendländischer Philosophie", I., S. . 211]. Die Frage, wann und wie sie von unseren Vorfahren eingeführt wurden, wird vielleicht für immer eine Frage der Vermutung bleiben. Es hat für Erstaunen gesorgt, dass die Reihenfolge, in der die Tage nach den Planeten benannt wurden, obwohl sie bei allen Nationen gleich ist, nicht der Reihenfolge entspricht, in der sie im Universum platziert werden sollten (Saturn, Jupiter, Mars, Sonne, Venus). , Merkur und der Mond). Dieses Rätsel wird durch die erwähnte Passage in Dion Cassius gelöst, und zwar in einer Weise, dass der astrologische Ursprung dieser Nomenklatur zweifellos sein muss. Er berichtet nämlich, dass die Ägypter jede einzelne der vierundzwanzig Stunden einem bestimmten Planeten widmeten. Die erste Stunde des ersten Wochentags (Samstag) wurde dem obersten Planeten Saturn zugeteilt, die zweite dem Jupiter, die dritte dem Mars und so weiter, entsprechend der Reihenfolge der Planeten. Die 24. Stunde des Samstags fiel folglich auch auf den Mars und die erste Stunde des folgenden Tages auf die Sonne, weshalb dieser Tag daher Sonntag genannt wurde. Die 24. Stunde des Sonntags fällt nach der gleichen Berechnung auf Merkur und die erste Stunde des Montags auf den Mond; und so weiter. Die astrologische Verteilung der Stunden zwischen den Planeten entsprechend ihrer Reihenfolge am Himmel erklärt somit die scheinbare Unordnung, die in der Woche auftritt. In den magischen Werken von Cornelius Agrippa, Peter de Albano und anderen, auf die der Autor zurückgegriffen hat, finden sich Tabellen zur Verteilung der Stunden. Diese Autoren haben von allen Seiten, nicht zuletzt von Ptolemaios und den Alexandrinern, Materialien für ihre magischen Apparate gesammelt.

[35] Die Rezepte für diese Parfüme finden sich in Cornelius Agrippas „Occulta Philosophia", l. I., c. 44.

[36] Sie finden sich in Agrippas „Occulta Philosophia", l. III. cc. 25, 26, 27, 28.

[37] Viele Seiten könnten mit subtilen Spekulationen über das Wort *Bereshit*, das erste Wort im Alten Testament, gefüllt werden. Dass die sinnliche Welt nur eine sekundäre Welt ist, ein Reflex der idealen Welt, bewiesen die Kabbalisten, indem sie zeigten, dass die Heilige Schrift nicht mit dem ersten,

sondern mit dem zweiten Buchstaben des Alphabets beginnt, nämlich ‏ב‎ (b), der in seiner Form ist ein halbes Quadrat [gefunden in der Zahl der Welt] und bedeutet daher eine vollendete Trennung zwischen Geist und Materie, zwischen Gut und Böse. Durch eine Vertauschung der Buchstaben in *Bereshit* gemäß der Methode der Kabbala erhält man zwei weitere Wörter, die „im ersten Tischri" bedeuten und zeigen, dass die Welt im Monat Tischri (September) erschaffen wurde. Die Summe der Zahlenwerte der Buchstaben im Wort *Bereshit* entspricht der Summe der Zahlenwerte der Buchstaben in zwei Wörtern, die „Er erschuf durch das Gesetz" bedeuten – ein Beweis dafür, dass das Gesetz die instrumentelle Ursache der Welt ist. Darüber hinaus kann *Bereshit* in zwei Wörter unterteilt werden, die „Er schuf sechs" (sechs Tage, sechs Jahrtausende, die sechs Ausdehnungen des universellen Raums usw.) bedeuten. oder: „Er erschuf einen Widder", der laut den hebräischen Kabbalisten derselbe Widder war, der anstelle von Isaak geopfert wurde, und die Christen fügen hinzu: dasselbe „Lamm Gottes", das sich selbst als Opfer für den Menschen gab.

[38] Die Tabelle, aus der sich der Autor den Spaß gemacht hat, diesen Namen gemäß den Regeln zu extrahieren, findet sich in „Occulta Philosophia", 1. III. C. 26.

[39] Agrippas Buch gibt die subtilen Regeln zum Auffinden der „Zeichen" oder Signaturen der Dämonen . – Der Leser muss sich an die Rolle erinnern, die die „Zeichen" des Mikrokosmos und des Erdgeistes in Goethes Faust spielten.

[40] Da sie (die neu konvertierten Angelsachsen) es gewohnt sind, bei ihren Festen zu Ehren der Teufel (ihrer alten Götter) viele Ochsen und Pferde zu schlachten, ist es notwendig, diesen Brauch beizubehalten, allerdings basierend auf einem anderen Prinzip . So muss auch an den Festtagen der Kirche und der Heiligen Märtyrer, deren Reliquien in den in heidnischen Opferhainen errichteten Kirchen aufbewahrt werden, ein ganz ähnliches Fest gefeiert werden, indem ein Platz mit grünen Bäumen umzäunt und ein religiöses Bankett vorbereitet wird. Dennoch dürfen die Tiere nicht zur Ehre Satans geopfert werden, sondern zum Lob Gottes und um der Nahrung willen geschlachtet werden, wofür dem Geber aller guten Gaben gedankt werden muss.

[41] „ *Creberrima fama Europäische Sommerzeit Es gibt viele Experten und auch diejenigen , die Experten sind Wesentlich , de quorum fide dubitandum non est , audisse Bestätigung , Silvanos et Faunos , Quos Incubos Vokant , Improbos sæpe exstitisse mulieribus et earum appetisse ac peregisse Konkubitum , et quosdam dæmones , quos Dusios Galli nuncupant , hanc unterstützen immunditiam et tentare et efficere Pluren Märchenhaft beharrlich , ut hoc negare unverschämt Video .* " (De civitate Dei. lib. 15, Kap. 23).

[42] „ Recognitiones divi Clementis ad Jacob", lib. II.

[43] Diese Ansicht kommt bereits im Buch Henochs und in den Schriften des Rabbiners zum Ausdruck. So wie sie interpretierten auch die Väter die in der Genesis erwähnten „Söhne Gottes", die „von den Töchtern der Menschen fasziniert waren", als gefallene Engel. So Cyrillus , Anthenagoras , Irenæus , Lactantius , Turtullianus und andere. Wir haben oben gerade ein Zitat von Augustinus zitiert. Die griechische Mythologie mit ihren Liebesbeziehungen zwischen Göttern und Menschen sollte diesen Aberglauben stützen. – Luther, der sich vom Aberglauben seiner Zeit nicht befreien konnte, erzählt uns in seinen „ Tischreden " oft, dass der Teufel durch Verbindung Kinder zeugen kann mit Menschen. „Es ist wahrlich ein graulich , schrecklich Exempel ", sagt er an einer Stelle, „ dass der Teufel die Leute plagen kann , dass er auch kinder zeuget ."

[44] Reginonis libri duo de synodalibus Ursache und Disziplin ecclesiasticis . Das Werk wurde im Jahr 1840 in Leipzig neu veröffentlicht.

[45] „Gott in der Geschichte ", III.

[46] Es findet sich vollständig in seiner ursprünglichen Form in Horsts „ Demonomagie ", II.

[47] Viele ebenso tiefgreifende Etymologien kommen im „Hexenhammer" vor. Das Wort *diabolus* (Teufel) leitet sich von *duo* , „zwei", und *bolus* , „Bissen" ab, was damit erklärt wird, dass der Teufel gleichzeitig nach zwei Bissen fischt, der Seele und dem Körper.

[48] Diese Folgerung voller Unanständigkeiten, mit denen man nicht umgehen kann, nimmt dreiunddreißig Seiten des „Hexenhammers" ein. Es gibt vor, sehr überzeugend zu sein. Es hat auch Hunderttausende Frauen in den Tod geschickt.

[49] Um dem Leser eine klarere Vorstellung von der wirklich teuflischen Blindheit und Brutalität zu geben, die das schreckliche Buch, über das wir berichten, charakterisiert, zitieren wir die folgende Aussage aus dem „Hexenhammer", S. 223: „Wir (die Inquisitoren Sprenger und seine Kollegen) stellen fest, dass von allen Frauen, die wir zu den Flammen verurteilt haben, nur sehr wenige freiwillig durch Zauberei Schaden angerichtet haben." Im Allgemeinen wurden sie vom Teufel dazu gezwungen. Nachdem sie alles (auf der Folterbank) gestanden haben , unternehmen sie in der Regel einen Selbstmordversuch, bevor sie auf den Scheiterhaufen gebracht werden. Es ist der Teufel, der sie auf diese Weise versucht, denn er fürchtet, dass sie durch Reue und Beichte die Vergebung Gottes erhalten. Wenn dieser listige Trick keinen Erfolg hat und sie daran gehindert werden, sich selbst zu zerstören, weiß er, wie er sie auf andere Weise der Chance auf Gnade berauben kann, nämlich indem er sie mit Wut,

Wahnsinn oder plötzlichem Tod schlägt!" – Sehen Sie sich ein Beispiel an wie theologische Argumente, die auf überlegenen natürlichen Einflüssen beruhen, genutzt werden können!

[50] Horst: „ Demonomagie ", I.

[51] Colquhoun.

[52] M ῆ λ α Mα νδϱ αγ ό ϱου (auf Hebräisch *dudaim* ) ist in der Septuaginta ein Name für die Liebesäpfel, mit denen Lea ihren Mann beschenkte (Gen. xxx. 14). Plinius spricht von der Mandragora als einem giftigen Kraut, dessen Graben gefährlich sei; Jetzt kennt Columella die Mandragora bereits als Halbmensch – „ *semihomo mandragora* ".

[53] Man sagt : wenn ein Erbdieb , dem, wie den Zigüenern das Stehlen angeboren ist , oder dessen Mutter, als sie mit ihm schwanger ging , gestohlen , oder doch grob Gelüsten dazu gehabt – nach Einige ; auch ein Unschuldiger , welcher in der Tortur sich für einen Dieb bekennt – und der ein reiner Junggeselle ist , gehänkt wird , und das Wasser lässt , oder sein Same auf die Erde fällt , so wächst an solchem Ort der Alraun .— „Nork: Sitten und Gebräuche der Deutschen und ihrer Nachbarvölker ."

[54] So Propertius und Plinius. Vergil ( eklog . VIII.) lässt einen Hirten singen:

> Hat herbas , atque hæc Ponto mihi lecta venena ,
> Ipse dedit Mœris : nascuntur plurima Ponto.
> *Sein Ego ist kaputt Lupum fieri , et se condere selvis*
> *Mœrim ... vidi .*

[55] Ähnlich argumentierte auch Melanchthon , der fest an den Werwolf glaubte.

[56] Noch im Jahr 1804 wurde ein Vagabund namens Maréchal von den Bauern in Longueville als Zauberer und Werwolf angeklagt. Bei seinem Prozess wurden die mysteriösen Werwolf-Ausflüge in Diebeszüge verwandelt, und Maréchal wurde wegen Einbruchs in die Galeere verurteilt.

[57] Während der Restauration im Jahr 1815, als alle Toten in ihren Gräbern auferstanden , versuchte der berühmte *von Görres* , den Glauben an den Vampirismus wiederzubeleben. Er hat darüber ein Werk von großer Gelehrsamkeit geschrieben, in dem er ausführlich über die „vegetativen" Quellen des Körpers spricht, von denen er behauptet, dass sie ihre Aktivität auch nach dem Tod fortführen und es so der Seele des Verstorbenen ermöglichen, sich wieder mit ihr zu befassen und für eine Weile wieder zu wirken alte Maschinen.

[58] Einige der populären Beschwörungsformen sind auf Latein, allerdings so verfälscht, dass sie fast nicht mehr wiederzuerkennen sind. Es seien einige restaurierte Beispiele genannt. Das ist die Formel gegen Bloody-Flux:

> Sanguis Mähne in venis
> Sicut Christus in pœnis ,
> Sanguis Mähne fixus
> Sicut Christus fuit Kruzifixus .

Gegen Fieber:

> Deus vos lösen sambuco , panem et sal ego vobis
> adduco , febrem Tertianam und Quotidianam Accipite
> Ihr , qui nolo eam .

Gegen Epilepsie:

> Melchior, Balthaser , Portans haec Nomina Caspar,
> Solvitur und Morbo Domini Pietate caduco .
> Perpetret et ternas defunctis psallere Missas .
> Barachun . Barachagim . Zerstören . Subalgat .

[59] Vergleiche Virgil, Ecl . VIII:

> Terna tibi haec primum triplici Diversa Farbe
> Licia Circumdo ....
> Necte tribus nodis ternos , Amarylli , Farben :
> Necte , Amarylli , Modus: et Veneris, dic , vincula
> necto .

[60] Vergleiche dieselbe Ekloge:

> Limus ut hic durescit , et hæc ut cera liquescit
> Uno eodemque igni : sic nostro Daphnis amore.

[61] Die zur Zeit der Reformation entstandene Faust-Legende versuchte zunächst, einen der Helden der gelehrten Magie, Henricus Cornelius Agrippa, als Hauptfigur einzusetzen; Aber eine von seinem Schüler Wierus veröffentlichte Biographie über ihn zerstreute den phantastischen Heiligenschein, der seine Persönlichkeit umhüllte, und das kreative Verlangen suchte nach einem dunkleren Objekt, das es entsprechend seinen bizarren Vorstellungen umwandeln konnte.